远去的鼓角争鸣中，
藏着千年不变的人性悲凉

铲史官 著

三国心灵史

南京大学出版社

目 录

开篇：朝局与人心　/ 001

何进的梦想　/ 033

曹操的初心　/ 059

袁绍的心结　/ 091

刘表的心史　/ 119

刘备的抉择　/ 143

荀彧的悲歌　/ 173

孙策的时间　/ 201

周瑜的胸襟　/ 231

诸葛亮的使命　/ 265

关羽的爱情　/ 295

张飞的文化　/ 329

贾诩的救赎　/ 351

魏延的情商　/ 377

陆逊的"逊"　/ 403

姜维的信念　/ 425

后记　/ 455

开篇：朝局与人心

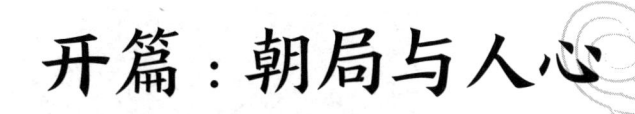

英雄易老，再英明的雄主也架不住岁月的侵蚀，三国先后进入了一个重要阶段——权力交接。

建安十三年（208），
曹操挥师南下，占领荆州。
为了抵抗共同的敌人，
刘备与东吴孙权合作，
共拒曹操于赤壁。

赤壁之战后，刘备得荆州，
又领兵入蜀，得益州。
如此一来，
以曹操为首的曹魏，
以孙权为首的孙吴，
以刘备为首的蜀汉，
开启了天下三分的局面。

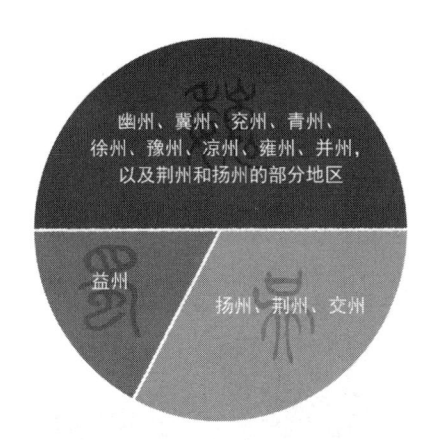

幽州、冀州、兖州、青州、徐州、豫州、凉州、雍州、并州，以及荆州和扬州的部分地区

益州

扬州、荆州、交州

名为三足鼎立，
其实指的是三国之间
相互制衡，相互抗争，
而非三国势力均等划分。
实际上，若单论势力范围，
三国的差距可谓天差地远。

无论军事力量，还是财政实力，
曹魏的优势都是明显且长期的。
然而，自220年曹丕称帝，
到280年西晋灭吴，
三国时期历经约60年才结束。

小爱提问

既然曹魏优势这么明显，为什么三国还能鼎立这么久？

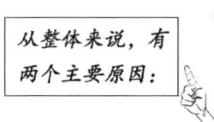

从整体来说，有两个主要原因：

第一是地理条件

（孙权）我有长江天堑！

（刘备）蜀道难，难于上青天！我蜀汉易守难攻！

第二是蜀吴军事联盟

孙刘联手，共抗曹魏！

你老实点啊！

你也老实点！

这样一来,
只要孙吴和刘蜀内政稳固,
军事上不犯大错,
曹魏虽强,短期也没什么破敌的好办法。
三足鼎立虽然并不均衡,
但整体依然是稳固的铁三角。

壹 铁三角的形成、破裂与重建

孙刘联盟的开始,
要从赤壁之战前说起。
为了抵御曹操大军,
在鲁肃的极力邀请下,
诸葛亮代表刘备
与孙吴达成密切合作,
孙刘联盟初步形成。

诸葛亮:就你们东吴这帮怂货,曹操还没来,你们就尿了。

张昭:诸葛村夫,老子跟你拼了!

鲁肃:孔明慎言!

鲁肃:子敬安心,肾这一块儿我有好好保护,没肾炎。

赤壁之战后，
周瑜死磕江陵，
最终在进军益州的路上病故，
刘备则在此期间拿下了
荆州四郡，
被推举为荆州牧。
孙权为此深感不安，
为了巩固与刘备的联盟，
孙权想到了一个办法——
联姻。

在得到荆州后,
刘备的崛起堪称迅猛。
211年,
刘备应刘璋邀请入益州,
帮忙对付张鲁。
可刘备却借刘璋杀死
自己内应张松的名义,
与刘璋正式翻脸。
很快,刘备便拿下益州,
划地而治。

孙权震怒,派兵袭取荆州,
刘备派兵驰援,分毫不让。
虽然在曹魏的压力下,
吴蜀最终达成一致,
平分了荆州,
但此时的孙刘联盟
早已不是铁板一块。

> 我察觉到一丝丝异样!

机警的曹操

最终令三足鼎立局势差点
走向全面崩盘的,
是关羽的北伐大秀。
219 年,刘备派遣关羽
北上襄阳、樊城,
短短数月间,
关羽围于禁、斩庞德,
吓得曹操差点迁都。

> 再倒一塔,咱就推基地!

> 好的呀,父亲!

开篇：朝局与人心

关羽威名震动天下，
不仅中原为之震动，
孙权也为此感到极度恐慌。
在共同的威胁下，
孙权与曹操迅速达成合作。
在前后交困的情况下，
关羽最终败走麦城，
被孙权杀死，
而孙权也顺势重占荆州。

孙权：这给曹操送去，是个惊喜。

失荆州，折兄弟，
这口气刘备万万没法咽下去。
在曹丕篡位称帝后，
刘备也紧接着在成都称帝，
并部署兵力讨伐东吴，
掀起夷陵之战。
孙权派人来议和，
都被刘备盛怒拒绝。

刘备：朕很生气，后果很严重！

面对疾风吧，江东鼠辈！

三国心灵史

经过七八个月的僵持，
蜀军在夷陵被吴军击败，
元气大伤。
但孙权并没有因夷陵之战的胜利
而放松警惕，
因为刘备依然驻扎在
吴蜀交界的白帝城。
在沉重的心理压力下，
孙权不得不向刘备
再次请和。
而这次，刘备终于点头了。

玄德啊，让我们从此手拉手。

我真想带你一起走。

孙权

刘备

嘿嘿~大耳贼你也有今天。

哎哟，碧眼怪！你妹还好吗？

四海之内皆兄弟，五洲震荡和为贵。孙刘联盟还是得搞起来啊！

第二年，刘备于白帝城病故。
刘备死后，诸葛亮大力推进
与孙吴的合作，
吴蜀联盟再次得以巩固，
破裂的铁三角重新建立。

贰 后浪与前浪的交班

在铁三角重建后,
三国互相之间局势相对稳定。
但在稳定的外表下,
却是内部局势的风起云涌。
223年,刘备白帝城托孤,
226年,曹丕病逝于洛阳。

前代精英无论生前
如何叱咤风云,
却难逃到头那一日。
除了身体倍儿棒、
年少出道的孙权外,
蜀魏都不得不面对
一个新的难题——
交班。

坚持呼吸就是胜利,锻炼好身体,熬死他们……

孙权

小爱提问:为什么说交班是难事?

交班成功与否,关系到一国兴衰。而想要成功交班,就必须要保证两件事。

小爱提问:哪两件事?

第一,继承人明确,顺利过渡,不出乱子。第二,继承人够强,能守住战果,稳中求进。

> 坏了!吴军打过来了!

> 他又来捍卫"孙十万"的绰号了?

曹叡

对此,
有明确继承者的曹魏
在条件上相对占优势。
因为曹丕虽然没有提前立储,
却早已下诏,
将曹叡过继给郭皇后,
作为嫡长子,在曹丕病危时,
曹叡理所当然继任帝位。

之后的事实也证明,
曹叡的才能足以守成。
在曹叡刚继任时,
东吴便发兵袭取江夏、襄阳,
但曹叡早已看出吴军
只不过是乘虚发难,
并很快通过合理调度,逼吴军撤兵。

开篇：朝局与人心

在曹叡的带领下，
曹魏的优势得以继续保持。
但蜀汉就没有这么幸运了，
在刘备白帝城托孤的时候，
继承者的选择十分有限，
在排除年龄太小、庶出等因素后，
选择有且只有一个，
那就是刘禅。

虽然从名义上说，
刘禅继位没有任何问题，
但此时蜀汉刚刚经过夷陵之创，
元气未复，
急需一位雄主扭转局面，
而刘禅的能力，
东晋史学家裴松之给了一个评价：

凡下之主

此间乐，不思蜀也。

刘禅

北面是冉冉升起的新星曹叡，
东面是身体倍儿棒的老玩家孙权，
而处于劣势的蜀汉，
却奉能力在平均线以下的
刘禅当老大，
这无异于一场灾难。
在反复权衡后，
刘备最终做出了一个
重要而明智的决定。

就这样,
刘禅虽然继承了皇帝的名分,
蜀汉的实权却被刘备
交到了诸葛亮的手里。
作为蜀国威望最著、水平最高、
敬业态度最佳的模范丞相,
诸葛亮的表现一如既往地稳而强。

对外,他遣使与孙权修好,
对内,则平定叛乱、休养生息。
在诸葛亮的治理下,
蜀汉不仅迅速恢复,
还积累了大量资源,
为日后长期北伐
奠定了坚实的基础。

经过这一轮交接,
三国势力悄然改变。
经历低谷的蜀汉,
在诸葛亮的神操作下逆风翻盘,
不仅稳住了局面,
还对曹魏先后进行了五次北伐。

但整体国力最强的曹魏,
在曹叡的带领下继续保持优势,
顶住了诸葛亮的北伐压力。
因此,三国仍然保持着
相对稳固的鼎立局势。

诸葛亮去世

但很快，
三国鼎立的局面便遇到了
一系列转折。
转折分三个事件，
但简单来说可以概括为——

曹叡去世

孙权去世

叁 三国内部小剧场与司马氏崛起

234年,
诸葛亮星落五丈原。
但诸葛亮之死,
并不意味着
大权回归刘禅手中。
在临死之际,
诸葛亮将权力转移给了
蒋琬和费祎,
而诸葛亮北伐的遗志
则被蜀将姜维继承。

> 丞相,日后谁可以担负国家重任?

> 蒋琬吧。

尚书仆射 李福

诸葛亮

> 蒋琬之后呢?

> 费祎吧。

> 那费祎之后呢?

> 你是聊天终结者吗?

由于诸葛亮妥善的布置,
在他死后十余年里,
蜀汉依然保持小而强的局面。
在内政方面,
蒋琬、费祎轮番辅政;
在军事方面,
姜维前后共进行了十一次北伐。
但好景不长,
253年,接替蒋琬辅政的
费祎遇刺身亡,
蜀汉的下行小剧场,
拉开了帷幕。

去死吧!

费祎

现在这个老板儿
是个瓜娃子嘞!

蜀汉农民面露菜色

费祎死后,
刘禅终于掌握了话事权。
他宠信佞臣黄皓,
在政事上无所作为。
在刘禅亲政后,
蜀汉国力逐渐衰弱,怨声渐起,
再加上姜维北伐不断消耗大量资源,
导致国力进一步亏空。

在蜀汉辅政接力的同时,
远在东吴的孙权,
嗅到了宫斗的味道。
241年,孙权长子孙登过世,
三子孙和与四子孙霸,
开始就储君之位展开了二宫之争。
群臣纷纷站队,
东吴政权开始走向分裂。

挺太子!

挺鲁王!

二宫之争的结果十分凄惨,
三子被废,四子被孙权赐死,
储君之位落在了
年幼的七子孙亮身上。
由于孙亮年仅十岁,
孙权在临死时将政权
托孤给了两位大臣,
一位是大将孙峻,
另一位则是诸葛亮的侄子
——诸葛恪。

琅琊少年
诸葛恪,
金戈铁马
立战勋!

诸葛恪

诸葛恪反应机敏、能征善战，
在与司马昭的对战中，
连连取胜，威望卓著。
但同时刚愎自用，骄傲自大，
这为他招来了不少仇敌，
包括当时的吴主孙亮。
终于，在一次回朝后，
戏剧性的一幕上演了。

来，你们干了我随意。

干。

诸葛恪

孙亮

孙峻

感情深，一口闷。
感情厚，喝不够。

当时，诸葛恪受孙亮邀请参加筵席，
另一位托孤大臣孙峻也在席上。

先

诸葛恪

酒过三巡，
而孙峻假装
回到筵席上

東吳夜宴

力强！

孙峻

没啥事是一顿饭解决不了的。

身离开，
换了一身短装，
杀诸葛恪。

从此之后，东吴大权落入孙峻之手。

还有谁?!

危险动作请勿模仿。

孙皓

在此之后,
孙峻与堂弟孙綝
接连把持东吴朝政,
对异己进行血腥镇压,
后又废掉孙亮,扶持孙休上位,
孙休最终杀死了权臣孙綝。
其后吴末帝孙皓,
用暴虐手段结束了东吴内乱。

不过,无论是蜀汉还是东吴,
一旦开启了狗血宫斗剧,
就说明了一件事——

人心散了,队伍不好带了。

刘禅

开篇：朝局与人心

三马同槽

在不断的内耗过程中，
东吴和蜀汉都大势已去。
唯独曹魏是例外，
曹魏的宫斗剧出现了 bug，
主角剧本被反派司马氏
拿到了手中。
于是，一场轰轰烈烈的逆袭
上演了。

曹叡死后，
帝位传给了年仅八岁的曹芳。
由大将军曹爽与太尉司马懿
共同辅政。
但曹爽为了争夺权力，
不断排斥司马懿，
他重用心腹，架空司马懿的实权，
使得司马懿无法参与决策。
但老谋深算的司马懿表面上认怂，
暗中则与儿子司马师、司马昭
筹谋政变。
司马氏趁曹爽陪同少帝曹芳
外出拜谒高平陵之际，
关闭城门，派兵据守洛水。

时候到了，清个君侧。

司马昭　司马懿　司马师

在高平陵之变后,
曹爽的权力被司马氏夺走。
一时间,司马集团权倾朝野,
但面对司马氏,
曹魏并没有像孙吴一样
陷入内乱。
究其原因,主要有二:
首先,司马氏人才济济,
司马懿雄才大略,
儿子司马师、司马昭
能征善战,
这使得司马氏很快便
集中权力,平定局势。
而且还能在对外战争中
占据优势。

其次,
司马氏的手段十分残忍,
他们杀伐果断,
对异己从不心慈手软,
死在司马氏手上的人不可计数。

因此，司马氏保留了
曹魏以往的战略优势，
263 年，司马昭灭掉了蜀汉。
两年之后，
曹奂在司马炎的逼迫下
禅让帝位。
从此，西晋诞生，曹魏灭亡。
此时的司马炎继承了之前的优势，
又取得蜀汉，
颓势难挽的东吴灭国
只是时间问题。

280 年，东吴被西晋所灭。
自此，西晋一统天下，
一个纷乱与制衡并存的
三国时代，
落下帷幕。

读者有话说

一颗土豆

蜀汉团队是一群理想主义者,诸葛接棒刘关张,姜维接棒诸葛,匡扶汉室不改初衷。孙吴是"家"的故事,兄终弟及,代代支撑。曹魏是现代企业案例,管理层反向收购成股东。

小欣 277

刘禅能力不强,不过作为老板,在使用"职业经理人"角度,还算是不错的。我们看《三国演义》,觉得诸葛亮去世后蜀汉不久就不行了,这完全是个错觉。刘备214年得蜀,在221年称帝,诸葛亮234年病逝,而蜀汉在263年才灭亡,也就是说,从刘备称帝到诸葛亮去世只有13年,而诸葛亮去世到蜀汉灭亡还有29年。蜀汉的衰弱,真正问题是在费祎遇刺后,姜维失控的穷兵黩武。从费祎去世到蜀汉灭亡只有10年。当然蜀汉灭亡的根本问题是,刘备政权是个外来政权,政权的核心是荆楚人士,益州土著被压制,当魏国攻蜀汉的时候,土著豪强不愿意支援中央政府,还高喊投降曲调(谯周就是典型)。

江山风雨情

三国,一个风起云涌、人才和英雄辈出的时代,也是一个实力与野心交错的时代。在这个时代,有着那位"幢幢一树柔桑绿",最后"展到蜀山青万层"的刘玄德;也有着"七十二堆春草碧",却"更无寸土到儿孙"的曹孟德;有着天下英雄谁敌手的孙仲谋,更有那笑到最后的司马仲达;但这之中也有那壮志未酬而抱憾终身的孙伯符等人。除了他们之外，血染征袍的赵子龙、喝断当阳水倒流的张翼德、勒马横刀的关云长以及张文远、徐公明以及周公瑾等三国将军共同支撑起了这个风起云涌的大时代！那一个个鲜活的人物、一个个熟悉的故事，正是一页风云散，离合总关情的最好解释吧！

另外，像孙文台、孙伯符、刘玄德、曹孟德等人皆是一代英雄，只可惜虎父犬子，后人成气候的却没有几个，最后都为司马氏做了嫁衣，江山尽入他人之手。用一句话来形容就是"可怜儿辈输名姓，尽忘先贤起草中"。

布伦哥

三国鼎立时间是60年，可是从公元184年黄巾起义天下大乱开始，到公元626年唐武德九年唐朝基本完成统一天下的战争，这442年时间里，真正实现大一统天下太平的时间只有区区32年。分别是280—289年西晋武帝的太康10年，再有就是隋朝589年灭南陈统一后到公元611年翟让起事隋末农民战争爆发前这22年。其他的410年时间里都是分裂、割据、内斗、外侵、战乱、对峙。

清风习习

诸葛亮言过其实，只是后面的统治者希望臣子都愚忠到底，所以塑造了这么一个形象。他有三大失误：一是三分天下选巴蜀。巴蜀要啥没啥，只能苟延残喘，赤壁之战后不协同东吴乘胜北上，真是失策。二是排挤异己太固执。对魏延就不说了，看不惯、听不进，让马谡守街亭，才给他两万五步兵，对抗司马懿十五万步骑大军，还不给阻击时限，明摆着让他送死，不守山守下面死得更快，千古奇冤！三是亲力亲为死得早。事必躬亲，对谁都不信任不敢放权，导致下属成长慢，他一走，后继无人，姜维只知军事不懂政治。唉！

编后语

为何蜀汉托孤后翻盘，孙吴托孤后却翻车？

建安四年，袁术死后，孙策大败黄祖，劝降华歆，拿下了豫章郡，并迅速在江东站稳脚跟；而当时曹操还在忙着打官渡之战，无力东顾，只得通过联姻的方式笼络孙策，孙吴势力初步形成。

孙策死后，孙权在周瑜、张昭等人的辅佐下继位，并启用鲁肃等能臣，其后与刘备合作，打赢了赤壁之战。但赤壁之战后，刘备却上演了"借荆州"的戏码，并以此为根据地，成功入蜀，战胜刘璋，拿下益州。

至此，孙吴、蜀汉与曹魏三国鼎立局面正式开启。

但英雄易老，再英明的雄主也架不住岁月的侵蚀，三国先后进入了一个重要阶段——权力交接。

当时蜀汉面临的情况是最严峻的，刘备的继承者只有刘禅一人，但刘禅的才华只能算中等偏下，在当时吴蜀关系尚不明朗、曹魏虎视眈眈的情况下，以刘禅的能力绝对无法力挽狂澜。权衡之下，刘备做出了一个大胆且明智的决定。

大胆，是因为刘备托孤的重臣只选择了诸葛亮和李严（李严去职后，诸葛亮的权力就没有制衡了）；不仅如此，他给诸葛亮的权力堪称无以复加，甚至说出了一句惊人言论："若嗣子可辅，辅之；如其不才，君可自取。"（《三国志》）接着又让刘禅把诸葛亮当爸爸看待（"事之如父"）。这样的托付，无异于架空刘禅，直接将蜀汉大权交接给了诸葛亮。

明智，是因为刘备心里有数，他深知诸葛亮为人，而且根据后面蜀汉国力迅速恢复、与东吴再次联合，以及数次主动北伐等情况，也可以看出这个决策的正面影响既深且远。

而时过境迁，等到了孙权缠绵病榻时，情况也与刘备白帝城托孤相仿。一方面，十岁的孙亮无法撑起大局；另一方面，外敌虎视眈眈，没有时间等待孙亮长大。最终，孙权选择了孙峻以及诸葛亮的侄子——诸葛恪。

这期间还有个小插曲，就是大家都认为诸葛恪是托孤第一人选，但孙权却认为诸葛恪"刚愎自用"，最终还是在孙峻的担保之下，孙权才勉强同意让诸葛恪来建业，这其实也侧面反映了东吴当时的大臣里，并没有令孙权完全放心的人选。

果然，诸葛恪第二年就被孙峻和孙亮联手杀死。其后，孙峻、孙綝兄弟接连把持朝政，直到孙休上位拿回实权，但此时的孙吴内乱早已积重难返。

为什么同样是托孤，二者的结果却截然不同？究其原因，主要有三点：

第一，是个人能力与性格原因。孙峻与诸葛恪的能力都是有的，但他们的能力并没有达到能看清局势、力挽狂澜的程度，或者说即使能看清局势，他们也无意为他人作嫁衣。

孙峻骄矜狠毒的名声在外，私生活也是一团乱，可以看出他既不是走慢火烹调的路线，也没有什么道德负担，后面杀诸葛恪、杀太子孙和，都符合孙峻的性格。

而诸葛恪的性格问题就更大了，诸葛亮早已指出他的硬伤，在于粗心，不知道体察细节，无法胜任严谨的管理钱粮等工作。与此同时，《三国志》中还记载了诸葛恪的一些"有才华"的事迹。比如，孙权让蜀国使者转告诸葛亮，说诸葛恪喜欢马，希望诸葛亮送一匹好马过来，而诸葛恪立刻拜谢，孙权很奇怪，问他为什么马都没见到，就提前感谢。诸葛恪说："蜀就是陛下外面的马厩，您下了旨，好马自然会送到。"再比如，孙权问诸葛恪，诸葛亮和诸葛瑾哪个更高明。诸葛恪毫不犹豫地表示，自己的父亲诸葛瑾更高明，因为诸葛瑾知道选择明主，而诸葛亮不知。这些话听起来很机智，但也仅限于机智，听着顺耳，细品又发现有些夸张而不实在。

虽然孙权在诸葛恪那里听了这么多漂亮话，但临到生命尽头，还是给了他"刚愎自用"四字评语。这种夸张、自大的性格令诸葛恪树敌不少，而疏漏的性格又让他沉浸在自己的功绩中，看不到隐藏于黑暗的危机。

第二，是托孤人选的地位。诸葛亮是个全能选手，威望不用多提，统领各方事务早已不陌生，甚至很难讲是刘备在托孤时将权力交给了诸葛亮，还是诸葛亮早就已经开始接棒，因此蜀汉的过渡非常平稳。可诸葛恪和孙峻是临时上位，连孙权都没有想好，更何况是朝局人心？两人之所以明争暗斗，就是因为谁也没有诸葛亮那般地位，更没有诸葛亮的人格魅力。

但说到底，上面两个原因只是影响因素，最根本也最关键的，还是当时的内外局势。

白帝城托孤时，蜀汉虽元气大伤，但夷陵之战已经结束，孙权还主动伸出了橄榄枝；另一边，曹丕忙着攻打孙吴，也在客观上给了蜀汉喘息的机会。

而在孙权死时，与孙吴对线的是司马氏，司马氏已经平定叛乱，通过血腥集权，将曹魏的实权完全接了过来，并且稳住了曹魏内部局势，拥有了向外扩张的实力。而另一边的蜀汉则是费祎和姜维的内外搭配，即使不如诸葛亮执政时期，也仍然可以做到不时北伐。

孙权死后，东吴内部人心本就散乱，暗流涌动，可还没等缓过来，同年

（252）就打响了东兴之战，接着第二年（253）诸葛恪又主动出击，两场战事使得矛盾进一步激发，被胜利冲昏头脑的诸葛恪坚持讨伐，而众大臣与百姓却怨声载道。在这样的情况下，诸葛恪兵败、被杀，东吴陷入内乱，几乎是必然的。

《搜神记》里有个关于诸葛恪被刺杀的故事，很有意思：当时诸葛恪要去赴宴，家里的狗衔着他的衣服不让走，诸葛恪坐了一会儿，又要起身，狗便又去衔衣阻止，诸葛恪不耐烦，便让人将狗赶走了。赴宴后，果然被孙峻杀死。

狗忠于主人，嗅到了危险而阻止主人前去，但狗又如何知道，即使诸葛恪不去赴宴，他的结局、东吴的结局，大概率还是不会改变。

何进的梦想

如果从成因上看,三国的开端可以追溯到汉末的何进之死。一个小人物的梦想,如何开启了一个乱世?

嘿——

妹妹你大胆地往前走啊,往前走,莫回丫头……

何进

多年以后,在洛阳的宫墙里,当面对宦官张让的刀斧手时,我想起了妹妹进宫的那个遥远的下午。

那是一个秋日的下午,
同郡的宦官郭胜回到家乡南阳,
帮宫里"筹人"(选宫女)。
看着出落得楚楚动人的妹妹,
我做出了一个
改变家族命运的决定。

你妹呀!说了半天,你推荐的美女就是你妹呀!

我妹,我妹。还望公公多关照……

郭胜

何进

何进的梦想

茄子~

压力好大~

早年，我娘走了，
我爹续娶了一个寡妇，
寡妇带来了一个拖油瓶
朱苗（后来改姓何）。
我爹在和后娘生了两个妹妹后，
也走了。

一家五口，
只靠我屠羊为生。
尽管日子没什么盼头，
我依然心怀梦想。

请说出你的梦想！

我想要升官，我想要发财。希望屠牛宰羊不是我的职业……而是爱好。

何进

靠山吃山，
靠水吃水，
靠京师可以进宫。
家乡不是出过
开国皇后阴丽华嘛，
虽然希望很渺茫，
但总比没有好。
送了郭胜不少好处后，
我妹妹被选进宫了。

> 嘤嘤嘤，虽然我天生丽质，平易近人，但是大哥为什么要送我去那见不得人的去处？！

何进的大妹

> 庆幸不是送俺进宫啊，要不然俺可就鸡飞蛋打了。

朱苗

> 你是不是看到生计艰难，就送妹妹进宫做宫女，甩掉一个生活的包袱？

> 如果我只是想甩包袱，最好的选择是送没有血缘关系的弟弟朱苗进宫做宦官。

> 看来你的本性并不坏啊。

> 承蒙谬赞，多少有些做人的底线吧。

何进的梦想

"小老妹儿长得挺带劲啊,快随朕钻御小树林去!"

"陛下好坏呀~"

汉灵帝刘宏

在三千佳丽的后宫,
被皇帝注意到并非易事,
好在运气站在了我这一边。
一个春暖花开的下午,
陛下逛到了宫女居住的掖庭,
不经意间被妹妹的
野性和青春活力俘虏了。

更幸运的是,
妹妹为陛下生了一个
大胖小子,
得以被封为贵人,
两年后又升为皇后。
苦等五年的我,
终于等来了这一天。

"何大人,请随小的进宫见驾。"

"好的呀!"

就这样，我从

一个屠家子
↓
摇身一变成为郎中（秘书）
↓
再迁虎贲中郎将（中央警卫团团长）
↓
出任颍川太守（市长）
↓
再升侍中（中办秘书）
↓
将作大匠（建筑总管）
↓
河南尹（首都市委书记）
↓
大将军（总司令）。

所以说梦想还是要有的，万一实现了呢……

那些通缉的士人，让他们回来继续卖命吧。

诺！

汉灵帝刘宏

中常侍郭胜

就在我以为
实现了梦想的时候，
生活很快就教育了我远方有多远。
事情的起因是陛下为了征讨黄巾军，
不得不缓和与士族的矛盾，解除了党锢。

嗅觉敏锐的我，
利用大将军的开府征辟权，
广纳士人入府做幕僚属吏，
但此举收效甚微，
一时让我摸不着头脑。

报大将军，孔融不愿入府，逃走了。

大胆孔融！这孙子什么来路？

何进

啥都不干，贵族。先祖鲁郡孔氏，圣人之后，让过梨。

是我不够礼贤下士吗？
不是。
思前想后，我开悟了，
是我出身太 low。
就算我权倾天下，
士族依然瞧不起我。

这是个"龙生龙，凤生凤，
老鼠生儿会打洞"的时代。
有人说，如果无法改变时代，
就只能改变自己。
我决定改变自己，
同一个出身望族的下属结为亲家。

在那些人的眼里，老子永远是个宰羊的……

王长史，令郎有才，小女有貌，两结同心，岂不美哉！

大将军，恕我直言，同你结亲实在是有辱我王家门楣。

这是打算婚礼变葬礼吧？

何进

王谦

何进的梦想

> 王谦不熟哦,八卦一下,他儿子是谁啊?

> 就是后来"建安七子"之一的王粲呗。

向下属王谦攀亲失败后,
并没有打消我跻身士族的念头。
士族虐我千百遍,
我待士族如初恋,
我决定送士族一份大礼——

> 没辙,丢不起这人啊……

> 不要怕,士族们想要的是那帮阉狗的命……

就在这时，
有一个叫蹇硕的宦官
想干掉我。
起因是皇后的妹妹毒死了
陛下的宠妃王美人，
陛下驾崩前留下遗诏，
让蹇硕辅佐二皇子刘协。

> 蹇校尉，好好辅佐皇二子协。
>
> —— 汉灵帝刘宏

> 万死不辞！
>
> —— 蹇硕

> 世间的事最怕的就是太监了，何况我有先帝灵魂撑腰，就问你何屠夫怕不怕？

> 看来我何大将军是时候将你一军了！

蹇硕这个没把儿的，
天堂有路你不走，
地狱无门你来投。
你蹇硕有西园军
我何进也有北军五营。
做掉你，
权当给士族做见面礼。

> 张哥，何皇后当初是我带进宫的，怎么能与大将军为敌呢？

> 嗯嗯，我儿媳还是她幺妹呢。

中常侍郭胜　　中常侍张让

按理，蹇硕有实力与我一战，
可惜他手下的几个校尉
未必会听命于他。
蹇硕也明白这点，
打算拉拢整个宦官集团，
但他漏算了一步棋
——我妹妹是中常侍郭胜带进宫的。

> 要不，让蹇硕自己下去跟先帝说说？

> 嗯，得说说。

好嗨呦~
感觉人生已经
到达了巅峰！

汉少帝刘辩

何进

结局很简单，
不用我动手，
宦官集团自己清理门户了。
外甥刘辩登基为帝，
妹妹荣升为太后，
我也升级为国舅。
但国舅并不能改变我的出身，
死一个蹇硕也没能打动士族。
这个时候，士族领袖袁绍
给了我一个诱惑——

袁绍这句话，
让我心跳加速。
此时的我，
就像一个单恋女神
多年的少年，
被女神主动吻了一口。
二话不说，
我跑去见妹妹何太后，
商量如何干掉宦官。

将军宜一为天下除患，
名垂后世。虽周之申
伯，何足道哉！

本初此言何意？

袁绍

何进

何进的梦想

对啊,袁绍你这句话是什么意思啊?

申伯是西周中兴之主周宣王的母舅,也是南阳国的开国君主。我这是在暗示何进,干掉宦官,从此南阳何氏就不是屠家,而是望族中的望族。

妹妹你知道,做哥哥的梦想,是让我们何家成为世代相传的望族。废掉宦官,这个梦想就实现了。

大哥,宦官统领禁省,汉家老规矩,不可废。

> 女儿啊，何老大要杀光了你的左右亲信，这可不行。

> 你和外甥孤儿寡母，有苦受啰。

> 妈妈和兄长说的是。

对于妹妹来说，
宦官是用来制衡外戚和士族的，
毕竟三角结构最稳定。
相较于何家成为望族，
妹妹更在意她儿子的皇位
是否坐得稳，
何况还有后娘和那个外姓弟弟
在挑拨离间。

事到如此，
我已经没有回旋的余地。
既然被妹妹怀疑我想夺外甥的位，
我也就只能彻底倒向士族了。
这个时候，袁绍又出了一计。

> 太后的意思，一个阉人都不能动。但太后的旨意再大，也大不过滔滔民意。

> 本初有何良策？

袁绍

何进的梦想

召四方豪杰，引兵京城，以胁太后。

好~

妙！

何进

你手下不是有兵吗，为什么要召外军进京？

何家内部的事，西园军（禁军）和北军五营（京师戍卫部队）未必会听从何进调遣。历来京师发生动乱，都是调外军来解决的。

三国心灵史

我调动了四支外军:
门生董卓的凉州兵,
下属王匡的泰山强弩手,
桥瑁的东郡兵,
丁原的并州铁骑。

丁原驻军孟津
(今洛阳市孟津县东黄河渡)

未央宫

董

董卓驻军上林苑
(今陕西省长安)

本宫又不是吓大的,
你们还真敢造反不成?!

太后息怒啊!

四支外军或多或少都与我有渊源,
而且都驻扎在京师之外,
一切在掌控之中。
我的目的只是逼妹妹结束宦官政治,
并非真想闹僵。

何进的梦想

王匡驻军兖州泰山郡
（今山东省泰安市东北方）

王

桥

桥瑁驻军城皋
（今郑州市荥阳市西北汜水镇）

谁知道妹妹还是不同意。
我无路可退，
只能升袁绍做司隶校尉
（首都市长＋军区司令＋公安局局长），
掌生杀大权，
让他放手去干。

传令下去，就说："大将军有令，监视宦官，让董卓进兵平乐观。"

木有问题！

袁绍

> 你们都被裁员了,带着小宝贝另谋生路去吧!

出身四世三公之家的袁绍,
完全没把我放在眼里。
居然假传我的令旨,
让董卓进京。
不过妹妹害怕了,
让宦官全都下岗,
只留下几个我信任的人,
守卫宫中。

宦官们也害怕了,
来我府中请罪。
我恩威并施,
让他们回家养老,
代价是结束政治生涯。

不流血而立下不世奇功,
我何进再也不是屠家子,
南阳何氏也将一举成为望族。

> 就你们这自身优势,回老家练个功、学个剑、遛个鸟啥的颐养天年多好!朝堂上的事你们就别闹腾了……

> 没闹腾啊!

就在我陶醉于梦想的时候,
袁绍又假传我的旨意,
让各地官员逮捕宦官家属。

抓! 抓! 抓!

大将军有令,宦官的家人统统抓起来!

干得漂亮,就这么喊!

妥妥的!

袁绍

和宦官的梁子彻底结下了,
只能一条道走到黑。
我去长乐宫说服妹妹
杀光宦官,
谁知出宫的时候中了埋伏。

何进你有今天,没有我们的功劳吗?先帝曾与你妹妹不和,几乎把她废了,是我们拿出千万家财,救了你妹妹。

现在居然要灭我们全族,有点过分吧?你说宫里脏,外面的那些士人,忠诚廉洁的又有谁呢?

洛阳的宫墙里,
当我面对宦官张让的刀斧手时,
我想起了妹妹进宫的
那个遥远的秋日里,
让人心生怀念的雁鸣——
它们似乎在说,
兜兜转转一大圈,
又飞到了最初的起点。

三国之乱正式开启……

读者有话说

红缨枪

袁绍这个狗杂碎,故意让天下大乱,引狼入室,他好浑水摸鱼,火中取栗!

乱天下者,袁本初也!

鹏飞云翔

没有人能随随便便成功,何进上大将军之位,其妹爬上皇后之位,光从两权制衡的观点就可以看出兄妹非等闲之辈。只是袁绍这个阴谋家做内鬼,出谋划策中贩卖私货才打破了这权力均衡。

七秒记忆

发现一个很狗血的事情,貌似三国的开合都需要用何家的血,何进死,三国开,后面他孙子何晏跟曹爽一党被司马懿诛杀也预示着司马氏开始了接管天下的步伐,三国进入收尾阶段。这老何家也是悲了催了被上天选中做牺牲品吧!

松寒溪源

何进死的时候很安详,被人砍下头颅抛出去,然后袁绍进宫屠杀宦官,搞得皇宫乱七八糟,少帝出逃,接着董卓救驾,开了三国乱世。

不管怎么说,倒霉的还是老百姓,因为何进,天下大乱,生灵涂炭,汉朝就此画上了句号。

激昂

　　何进的悲哀就是因为他的出生。从一介平民一跃到了万人之上的地位，让他无所适从。然而他对自己没有清醒的认识，却想在那些老谋深算又有家族渊源的政治玩家面前获得实质利益，最终只能成为别人的玩物。就算他能掌控一定的军权，最终也难成正果。所以，人生很多东西都是这样，你可能表面拥有，却没有对其真正支配的能力，若一意孤行，必招其祸。

江山风雨情

　　何进的失败，一是没有自己的势力，大将军固然威风，但可惜的是，在绝对的实力面前，大将军和路人甲没什么区别。在乱世，只有拳头大的才有话语权。就如日本战国，足利义昭空有个幕府将军的名义，却不知死活地挑衅织田信长，作死的结果就是被织田信长直接一脚踹下去流放了。所以没有实力别谈其他！二是太过醉心于成为士族。在士族眼中，何进没有资格，说白了一个蛋糕就那么一点儿，自己人分还嫌少，你一个新人也要吃，门儿都没有！三是兵权，没兵权没一切！董卓横行一时，是因为他手下那一帮铁血战兵！要没兵权他还敢横？不直接给人剁了才怪！四是低估了十常侍的能量。诛宦官哪可能这样简单？后世大明文官要诛"八虎"，刘瑾等人只是在皇帝面前哭了一回，一帮大臣就立刻倒霉了。

张丹

　　何进犯了方向性错误，本就不是士族，何必妄图跻身士族。多传几代，开枝散叶，通婚联姻，有钱有权有地位还怕后辈出不了几个人才？自然就是士族了。一个屠夫出身，权力本就是太后和宦官集团给的，目的是制衡皇族与士族势力，却自掘坟墓，上了士族的当。

编后语

三国史,其断代是从建安二十五年(220)曹丕在洛阳称帝算起,至太康元年(280)西晋灭东吴结束。但如果从成因上看,三国的开端则可以追溯到汉末的何进之死。

前人论及何进,多从政治层面入手,着眼于外戚、宦官和士人三者之间的权力制衡,继而分析其性格能力,得出何进政治眼光短浅、做事犹豫不决的结论。铲史官则尝试从何进的视角出发,在题无剩义处追索一些新的东西,意图勾勒出大时代中的个体心曲。

为了更好地丰富人物性格,漫画在参考《后汉书·何进传》的基础上,于细节层面作了一些文学性增饰,如"当我面对宦官张让的刀斧手时,我想起了妹妹进宫的那个遥远的秋日里,让人心生怀念的雁鸣——它们似乎在说,兜兜转转一大圈,又飞到了最初的起点"。

何进临终前,到底有没有想起什么,并不见诸史料,不过他想起的这个画面,却在一定程度上符合事实。《后汉书·皇后纪序》:"汉法常因八月筹人。"由这条史料可以推出,何进的妹妹何太后当初是在秋日入宫的,何进临死之前想起发迹的因缘,感叹人生如秋天里南飞的大雁一样兜兜转转一大圈最终还是回到了起点,这个增饰的细节虽在史料之外,却在情理之中。

于国人乃至东亚而言,三国是大众耳熟能详的题材。"滚滚长江东逝水,浪花淘尽英雄。"英雄的气质是智谋,是忠义勇武,是睥睨群雄。后人演义这段历史,亦是洒笔以成酣歌,和墨以籍谈笑,而真实的历史却是军阀混战,社会动荡不安。"雅好慷慨,良由世积乱离,风衰俗怨",底色终究是悲凉的。

奉天子以令不臣的曹操,面对着"白骨露于野,千里无鸡鸣"的惨景,生出"对酒当歌,人生几何"的感慨;才高八斗的名都少年曹植看着"室室有号泣之哀"的凄境,亦发出"人居一世间,忽如风吹尘"的喟叹。他们与命运抗争,又在抗争中认识到自身的渺小,于是希冀回到内在的、自由的"我"。《世说新语·伤逝》载,为了悼送亡友王粲,曹丕率众人学驴叫。在无常命运面前,世子曹丕不过是一个普通的人。

在汉末三国这个悲慨的时代里,一切人事,在深处似乎都有一种远意和悲凉,仿佛小时候秋天里的黄昏:夕阳落在人身上,人走在石桥上,桥下流水汤汤。这近乎一种隐秘的心史。

曹操的初心

曹操的理想是匡复汉室,维护天下统一。这样的信仰,让曹操一腔热血,不计利益得失,在格局和胆识上,远超他同时代的对手。

曹操

> 唉。
> 这小盒子,才是你永远的家啊。

公元 220 年正月,
我收到一件来自东吴的礼物——
关羽首级。

关羽攻打襄阳樊城,
水淹七军,
逼得我几欲迁都。
不料孙权在背后捅他一刀,
夺取荆州替我解了围。
想到这里,
我不禁笑出了声。

关羽

> 笑你个头!

突然睁眼!

> 欸?原来是幻觉……

之前,
东吴使者送来一封信,
孙权在信中劝我称帝。
我一眼就识破了他的用意。

孙权

This is……
套路

呵呵
孙权这小子信里说什么
"称臣,称说天命"……

这是想把我放在火上烤啊!

天命!天命!天命!

群臣

曹操

称帝有啥后果
22年前我就见识了。

那是建安二年（197），
袁术得了块传国玉玺，
就不自量力称帝，
结果众叛亲离，
连最铁的孙策都与他绝交。

wow, awesome
这岂不是我独享的……

袁术

moment……

←玉玺

膨胀

5555……
再见！

在那之前一年，
我已将汉献帝迎奉到许县，
怎能容忍这种
分裂国家的行为？
我趁机征讨，
他狼狈逃亡。
大夏天的，
死前连口蜂蜜水都喝不上。

袁术

给我一杯蜂蜜水，
　　　让我喝了不流泪。

命都快没了，
到哪去找蜂蜜？

厨师

只剩这点麦屑了啊！

这就非常尴尬了

那你心里到底想不想称帝呢？

铲史官你问了个好问题。其实我也捉摸不定。不过年轻时绝对没有这个想法，那时我就是个有理想的热血青年……

往事如烟，回想当初……

【 | 青葱岁月 】

我，
出生在沛国谯县
（今安徽亳州）。

我家，
是当地第一大家族。
爷爷在宫里当宦官头子
三十几年，
收了父亲做养子。

我家里不缺钱。
但我自幼丧母，
缺乏母爱和亲情管束。

我家开了个私塾。
我常领着曹家、
夏侯家的兄弟们玩耍，
"飞鹰走狗，游荡无度"。

记得那天，
我偷溜出去游泳，
河里突然冒出一只"蛟"。
我奋力击退它，
继续戏水玩乐。

作业：以母爱为主题写一篇作文
我没有母亲——曹操

喝！
1000kg
哐！
曹操
嗷
！

生活终于对我薛定鳄动手了……

三国心灵史

叔父看不惯我如此顽劣，
向父亲提醒要多多管教。

有天，我灵机一动，
耍了个手腕整他。
我在叔父面前假装中风，
叔父果不其然一路小跑，
转告父亲……

曹操

曹操父亲·曹嵩

曹操叔父

父亲当即把我叫去，
问我咋回事。
我当时跟父亲说，
叔父一向不喜欢我，
说我坏话而已。
从此，他向父亲打小报告
就不好使了。

**跟我斗？
让你目瞪口呆！**

快满十八岁时,
父亲送我进太学。
他已在京师
做了大司农卿(财政部部长),
有保送资格。

我人生中第一次远离家乡,
来到洛阳大都市。
乡村少年眼界大开,
人生发生转折。

曹操：Hi！交个朋友吧？

同学甲：走开！阉宦后人……

曹操：嗯……一边去……

交个朋友吧？

同学乙：交…

同学丙：Sorry, I can't understand Chinese.

我在帝国最高学府待了三年。
同学多是高干子弟，
或是各地青年才俊。
我博览杂书，
广交朋友，
忙得不亦乐乎。
不过……

我感受到某些鄙视的目光,
有了……自卑感。

也有人一眼看出我不平凡,
比如德高望重的当朝司徒——桥玄。
他如此评价我——

人生不如意
十有八九十百千万
亿十亿百亿上千亿

都挺好

天下将要大乱,
能够安定天下的人就是曹操了!

——桥玄

月旦人物品评会

姓名：曹操
字：孟德
爱好：撕纠
人称：孟德撕纠

【评语】
君清平之奸贼，乱世之英雄。
（治世之能臣，乱世之奸雄）
——许劭

我还兴冲冲地去找评论家许劭，
软磨硬泡下得到一句著名的鉴定语。
我暗下决心要出人头地。

> 我要干出一番事业来，改变大家的门第偏见！

（全村的希望）

【Ⅱ 官场斗士】

噫嘻，
你违反宵禁条例了。

得有点小惩罚。

不然铲史官和死，
你选一样。

我选择死。

曹操

蹇硕叔父

20 岁时我举孝廉做了郎官，
当上洛阳北部都尉
（区公安局局长，副县级）。
我把官署修葺一新，
门口挂上五色大棒，
违反治安一律大棒伺候。
大宦官蹇硕的叔父，
就撞在了枪口上。

蹇硕是灵帝最信任的宦官头子，
大家都替我捏了一把汗。
两年后我官升一级，调任顿丘县令。
曹家一个姻亲牵涉谋反案，
我被就地免职。
24 岁的我索性回谯县闭门读书。

曹操

不好好读书，
聊天时打不出什么好词儿，
只会发"哈哈哈"和表情包。

三国心灵史

后来，
灵帝召我入朝当议郎
（秘书兼顾问），
我几次上书为正直官员说话，
却没被采纳。
我的心拔凉拔凉的。

黄巾起义爆发了。
30岁的我被任命为骑都尉。
我配合主力军击破了颍川黄巾军，
因功升为济南国相（副省级）。

此时政治实在黑暗，
连灵帝都标价卖官。
他心爱的王美人被何皇后毒死，
居然收钱忍下了这口气。

后来连我父亲也花一亿巨资，
买了个虚职太尉，
过了一把三公的瘾。

叭！

曹操

黄巾军

左手右手一个
大巴掌

我曹家也位列三公了！

曹操父亲

有钱人的生活，
就是这么 简单直接 且
枯燥……

我以为黄巾之乱过去了，
一心想当治世能臣。
我一上任就刮起廉政风暴，
两个月拿下八个县官。
一时间告黑状的、恐吓的、
造谣的，都来了。

下马官员

律师函警告

关系网

曹操

我太难了

举世皆浊，
岂容我独清？
官场上下腐败，
结成一张无形的
可怕的网。
一个人的战斗，
让我不寒而栗。

为了家族安全,
我自请调回洛阳当议郎。
后来朝廷让我出任东郡太守,
我心灰意冷,辞职回家。
我在河岸林边密筑一处精舍,
秋夏读书,冬春射猎,
打算避世二十年。

曹操

**沉迷学习
无法自拔**

【III 乱世崛起】

你是不是
皮卡丘的弟弟,
皮在痒?!

董卓

躲得过一时,
逃不了一世。
隐居三年后,
我重返洛阳任典军校尉。
一年后灵帝驾崩,
大将军何进欲铲除宦官。

袁绍出了个损招,
召外地武将向何太后施压。
西北军阀董卓进京了。

**为什么吵架
打一架不好吗**

> 听说你在逃亡时杀了朋友吕伯奢一家,还说了一句:宁可我负天下人,不可天下人负我?

> 我呸!这话是《三国演义》黑我的,其他史书记载也不相同。我就想问一句:你们有谁亲耳听我说过?

董卓纵兵烧杀抢掠,
杀少帝,立献帝。
皇帝岂能随意废立?
这是天下大乱的节奏啊!
我和袁绍赶紧逃出京城,
欲征讨这个乱天下的贼子。

曹操

我逃到陈留
（开封市东南）时，
一个叫卫兹的孝廉
赞助了一大笔钱，
我就留下来招兵买马，
聚起义兵五千人。
曹家、夏侯家的
兄弟们闻讯，
纷纷赶来支持。

各路诸侯群起响应，
起兵组成关东联军，
公推袁绍为盟主，
打出"讨伐董卓，
匡复汉室"的旗号。

董卓心虚了，
一把火烧了洛阳，
胁迫献帝迁都长安，
回到西边自己的地盘。

> 天下可以没有我，
> 但不能没有你。

> 谢谢你。

> 我曹操这辈子
> 没说过一个谢字。

曹操堂弟·曹洪

曹操

董卓凉州兵强悍，
关东联军畏惧不动。
我苦口婆心劝他们动手，
谁也不响应。

悲愤之下，我只好孤军迎战。
这一仗打得很惨，
幸亏堂弟让马给我，
才侥幸逃出生天。

回到酸枣大营，
十几万关东军仍然
喝酒开 Party，
毫无进取之意。

袁绍想立刘虞为帝，
这不是另立中央搞分裂吗？
这群贪生怕死、自私自利的
乌合之众！
我气得放出话要决裂。

那一刻，
我在心底与这帮人划清了界限。
那一刻，
我决心要独自闯出一条路来。

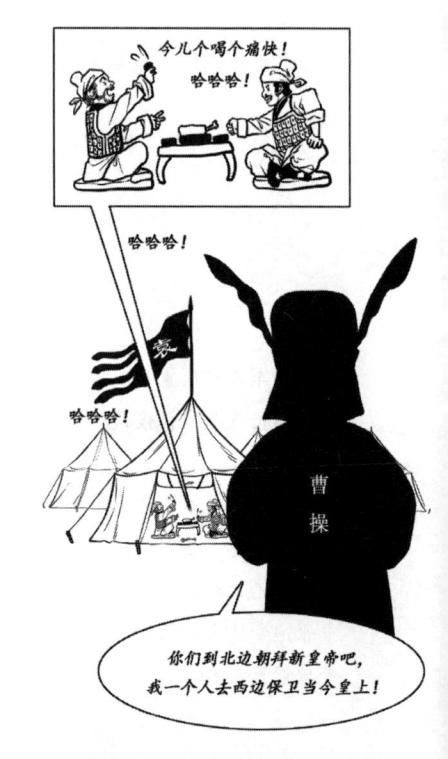

> 今儿个喝个痛快！
> 哈哈哈！

> 哈哈哈！

> 哈哈哈！

曹操

> 你们到北边朝拜新皇帝吧，
> 我一个人去西边保卫当今皇上！

我 de ♥ 心好痛

> 文若（荀彧）来了！
> 这是我的子房啊！

英雄总是惺惺相惜，
有识之士纷纷投奔于我，
我的地盘和队伍越来越大。

开心得像个36岁的孩子

> 生民百遗一
> 念之断人肠
> ——曹操

关东联军没打成董卓，
却开启抢地盘内讧模式。
十年间，
我、袁绍、袁术、公孙瓒、
陶谦、刘备、吕布等，
展开车轮大战。
中原饱受战火蹂躏，
千里荒无人烟。

> 哈哈哈哈来啊，杀个痛快！

白骨露于野
千里无鸡鸣

> 我这个人不记仇的，有什么仇，当场就报了。

> 唉。

父亲带家人到琅琊郡避乱，
却被陶谦部将劫杀。
我悲痛欲绝，
再次讨伐徐州，
杀得人头滚滚，
泗水为之不流。
仇恨和恐惧，
有时会让我失去理智，
变得疯狂和嗜血。

080

谋士毛玠建议
"奉天子,修耕植、畜军资"。
我敬纳了这个
从政治、经济到军事的
全方位战略。
我推行军民合一的屯田制,
解决了军队生计问题,
安顿了逃亡百姓。

曹公是最棒的

在政治上,
荀彧也力劝我迎奉天子,
维护统一。
其实我一直关注着天子,
想办法与长安取得了联系。

董卓内乱被杀后,
献帝辗转回到废都洛阳。
我于196年将他接到了许县。

Word 皇辛苦,
再也不让您
流浪地球了。

5555……
宝宝心里苦。

你挟天子以令诸侯！

我乃是奉天子以令不臣！

家伙

我以天子之名讨伐割据军阀。
200年官渡之战后，
我终于击败袁绍，统一北方，
被任命为丞相。
那些嫉妒的家伙，
居然称我是——

我呸！
名为汉相，
实为汉贼！

周瑜

【Ⅳ 称帝之惑】

我和献帝早期相处是和谐的。
随着权势增长，
我俩关系日渐紧张对立。
他身边不乏想杀我的人。

200年"衣带诏"事件，
我杀了董贵人。
14年后，我又杀了伏皇后。

SOS！
Help me！

我也不知自己
能活到几时！

汉献帝

伏皇后

赤壁之战后,
统一步伐受阻,
我郁闷地回到北方。
面对天下人的怀疑,
我于 210 年写下《述志令》,
追忆往事,回顾初心,
表明我不称帝的心迹。

《让县自明本志令》
……身为宰相,人臣之贵已极,意望已过矣……

意思就是说……

宰相这个位置倍儿爽!

一本满足

现在

能不能称帝？
我计算得很清楚。
称帝的现实后果
是成为天下人攻击的靶子，
给孙权刘备分裂割据以理由。

嘿嘿嘿……　嘻嘻嘻……

孙权　刘备

智慧的凝视 ×2

奉天子

我没有那么傻。
何况，我当初打出了
"奉天子"的正义大旗。

立的Flag，
泪也要扶下去。

唉。

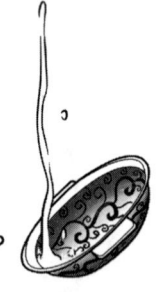

荀彧

出仕二十四年，终无汉禄可食。

但是，
让我放权是不行的。
没有我，
国家就会四分五裂，
不知几人称帝、几人称王。
况且，
子孙安全又该如何保障？

我抓权的步伐一刻没停，
那些反对的人，
如荀彧，
就和我分道扬镳了。

建安十八年（213），
封魏公，加九锡；
建安二十一年（216），
升魏王，立太子。
魏王是有世袭权的，
我离皇位就只一步之遥了。
想不想称帝？
晚年的我，
时常在夜里追问自己的初心。

我会记起年轻时进入军队的情景，
那时的我就想当个征西将军，
死后在墓碑上这样题字——

读者有话说

斯人如虹

曾一纸明黑白,朝堂兴衰,我自担待。
曾一诏豪杰率,洛阳城外,初心不改。
曾一曲赋沧海,日月入怀,谙自慷慨。
曾一夜故人来,谋敌不败,总角不再。
曾一炬烈焰开,百战有息,江边徘徊。
曾一令香履卖,魏王宫外,钟声延迈。
曾一表本志在,征西本来,吾心本来。

知行合一

曹操是得意便猖獗,没有了初创业的谨慎小心,听不进去别人的意见。宛城一炮损失如意接班人曹昂和贴身保镖典韦,造成后继无人。赤壁之战失败造就他再无一统的时期。晚年丧失斗志,迷之争权夺利,逼死荀彧,丧失大士族支持。曹昂之死,导致夺嫡,最后曹丕上位,为稳固地位,把曹氏、夏侯氏宗亲全部得罪,几乎把有点能力的都杀光,大力扶持士族,搞出九品中正,最后被司马懿忽悠,为司马家作了嫁衣。说来说去,还是宛城一炮种下了恶果。曹昂之死,代价太大,后继无人。

Frank wang

小时候所有三国人物里最吸引我的就是曹操,哪怕那时候我看的是《三国演义》。

对他的争论实在太多，人们总想用一两个词概括他，但真的行得通吗？他屠过城，但也颁布屯田令拯救百姓。他藐视皇帝，但也始终没有取而代之。他在赤壁折戟沉沙，但他打的胜仗远多于败仗……功过自然没办法相抵，但我们这些千年之后煮酒论英雄的芸芸众生是否想过，一个在那个混乱的时代取得最大成就的人，会简单到用英雄/枭雄/奸雄就能概括吗……

鹰击长空

东汉士人标榜仁义道德，结果这种东西缺乏可靠的标准，把持评价话语权的还是世家大族，于是寒门根本没有上升渠道。而且，人们为了当官都去作道德秀，最后道德变成了不道德。嘴里都是仁义道德，心里全是男盗女娼。

曹操唯才是举，打破了世家大族把持的上升特权，给了寒门子弟以希望。徐晃、张辽是从杨奉、吕布那里挖过来的降将，乐进原来就是看门的保安。

此外，曹操大力打击地方豪强势力，把政权的触角直接伸到基层，杜绝了地方豪强势力依靠坞堡控制乡村、盘剥农民，大大加强了政权的组织力和动员力，带有秦汉和罗马这类古典军事帝国的遗风。这还是在经济、军事上的意义。在法制层面，它保证了国家的法令能够充分落实——作为古代中国法制史一代经典的《泰始律》能够诞生于司马家辅佐魏政期间，绝不是偶然的。

但是，此举危害了地方士绅的利益，得罪了历朝历代统治者都不敢得罪的群体，士大夫阶层讨厌曹操以致曹操日后名声不好，也就不奇怪了。

编后语

年轻时，我们大多怀着一颗美好向善的心，但是常常因走得太远，忘了当初为何出发。

公元210年（建安十五年），也就是赤壁之战两年后，曹操56岁。

此时，曹操完成北方统一，南下征伐受阻，三分天下之局初现。孙权刘备抨击曹操"托名汉相，实为汉贼"，"欲废汉自立"。面对天下人的滔滔议论，曹操借退还皇帝加封三县之名，发布了《让县自明本志令》（又名《述志令》），表明自己的心迹，反击朝野谤议。

曹操为什么不称帝，当然有各种现实的考虑。比如民意与价值观。

篡位夺权是僭越行为，会成为天下人攻击的靶子，成就对手分裂割据的理由。而且曹操年事已高，称不称帝，他都是实际上的最高统治者，犯不着临老给自己留下骂名。曹操一向讨厌"慕虚名而处实祸"，一个皇帝的名位，对他来说意义不大。这一点，从他去世前下令不准厚葬，只穿时令衣服，不带金玉珍宝，可见一斑。

曹操不称帝的原因，古今人分析甚多，题无剩义，不再赘述。本文从曹操是否想称帝，来回顾他的初心。

曹操幼年丧母，少年顽劣，是个调皮捣蛋、不守规矩的"问题少年"。小小年纪，从容击退鳄鱼，初窥其非凡胆识。算计叔父，可见其诡计多端。这种个性的人，更容易在乱世出头。

青年时进入洛阳太学，是曹操一生的转折点。他眼界大开，广交朋友，同时感受到家庭出身带来的歧视。

宦官是供帝王驱使的家奴，大多出身微贱，被名门士族瞧不起。曹操的养祖父曹腾，因拥立桓帝有功，担任宦官首领三十多年。曹腾做事沉稳，为人大气，心胸宽广，举荐能人，颇有贤名。曹操5岁左右，曹腾去世。曹操跟祖父的交集很少，印象应该不深。曹腾去世十年后，发生了宦官陷害士人的"党锢之祸"，宦官集团声名狼藉，与士族势成水火。曹腾虽然去世已久，但仍受到宦官集团的带累，曹操则受到祖父身份的连累。

身份歧视带来的自卑感，让曹操很怕被人看不起，决心要做出一番事业来。20岁出任首都北区公安局局长（洛阳北都尉），初生牛犊不怕虎，一出手就打死了大宦官蹇硕的叔父。违反宵禁就要处死，这样的治安措施现在看来未免太过残酷，却也展现出青年曹操不畏强权、雷厉风行甚至残忍的一面。

当然，曹操没有马上受到报复，多半还因为其高干子弟身份。父亲曹嵩是中央掌管财政的省部级干部，家族不少成员在官场出任要职。曹家是一个很有凝聚力的家族。后来曹操起兵时，同辈兄弟及晚辈子侄，大多主动加入。父亲曹嵩不愿参与，回了老家。

如果说这件事是曹操欲显示其才干故意而为，那30岁后出任济南国相刮起反腐风暴，则充分说明了他的政治理想。虽然出身高干，曹操却没有被官场的习气带坏。他想做一个治世能臣，治理官场贪腐，追求政治清明。然而，整个官场已上下烂透、无可救药，曹操就像堂吉诃德式的孤胆英雄。一个人与整个官场斗争，结果只能是以卵击石，甚至连累整个家族。

从政这条路行不通，曹操走上了武将之路。风暴欲来，乱世将至，敏感的曹操或许预感到军队更有前途。灵帝时期，青年军官曹操的志向，是当个平乱的征西将军。董卓之乱起，曹操的理想是匡复汉室，维护天下统一。这样的信仰，让曹操热血满腔，不顾个人安危，不计利益得失，冲在了讨伐董卓的第一线。第一仗虽然失败了，但从这一刻起，曹操和他同时代的对手，在心胸、格局和胆识上，拉开了距离，赢得了人心，并最终成就了霸业。

文能治国，武能安邦，匡扶社稷，救济苍生。这也许就是曹操的初心。这条路的开始，有出人头地的志向，却没有野心和野望。196年迎奉献帝，在对手看来是一种策略，但对于那时的曹操，泰半符合他的初心。

但是，坚守初心殊为不易。200年时，曹操与献帝出现第一次对立。210年，面对天下人的怀疑，他发布《述志令》表明心迹，但攫取权力的步伐却一刻也没有停歇。213年，封魏公、加九锡，与荀彧决裂，荀彧神秘去世。随后封魏王，指定接班人，权力的传递和安全得到保障。曹操去世前，收到孙权劝进之信，当众表示嘲讽。据载，夏侯惇劝曹操顺应天命，曹操回答："若天命在吾，吾为周文王矣。"我们知道，周文王死后，儿子周武王继位，推翻商纣王，建立西周。

220年正月，曹操去世，曹丕继位，几个月之内，献帝禅让，曹丕顺利称帝。这一切，很难说与曹操生前的安排没有关系。

曹操最终没有成为周公和霍光。在通往权力之巅的路上有无迷失，大概只有他自己清楚。

袁绍的心结

袁绍不明白，人生的悲苦永远不会消失，他以为摆脱了的卑微过去，其实一直藏在那一脸自负的神色里。

大嘎好,偶系袁绍。

是兄弟就来砍我!

我砍死你这个家奴。

袁术　袁绍

汉献帝初平三年(192),
身为关东联军盟主的我
与弟弟袁术开战。
弟弟联合公孙瓒、陶谦对付我,
我则联合曹操,将弟弟击溃。

袁绍的心结

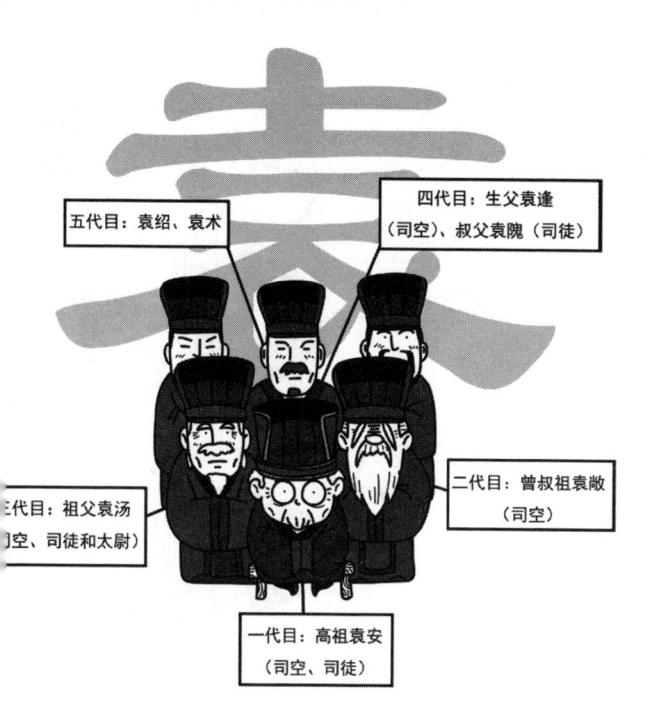

五代目：袁绍、袁术

四代目：生父袁逢（司空）、叔父袁隗（司徒）

三代目：祖父袁汤（司空、司徒和太尉）

二代目：曾叔祖袁敞（司空）

一代目：高祖袁安（司空、司徒）

或许有人会问，
为什么手足相残？
这得从我的生平说起。
我出身于汝南袁氏，
世称"四世三公"①，
门生故吏遍于天下。

注①：东汉三公指太尉、司徒、司空。

同时，我又是一个"孽子"。
父亲在研习易学之余，
想在侍女身上体验一番
阴阳化生的精言要旨，
于是便有了我。

嘿嘿嘿……

少爷，你想干什么？

袁逢

不要怕！天地万物，
皆阴阳化生而来。

少年时期

Snow, go on!

袁术

袁绍

总有一天我会超过你，让你知道，我比你强。

说起来，
我连庶出都算不上，
只是一个私生子。
在嫡出的弟弟袁术眼里，
我只是一个"家奴"。
长年累月下来，
成了我解不开的心结。

真の我爸在我出生前就死了

Bye Bye!

袁成

后来，父亲把我出继给
大伯袁成，
我得到了一个摆脱
卑贱身份的机会。
因为大伯无后，
入继之后的我成了大伯
宗法意义上的嫡子。
可惜，大伯早就仙逝了，
父子之义不免有缺。

东汉灵帝熹平五年(176),
暮春时节,
伯母去世了。
在濮阳县任县长的我,
听到这个消息,
决定直奔老家汝南郡。
我要做得比任何人都好,
决定为伯母庐墓三年。

我们服丧都是以日代月,
相当于休三个月假。

是啊,袁本初居然真的守三年,真是个孝子啊!

我还要为早死的父亲袁成,追服大丧三年!

宗亲宾客看到我那
日益清瘦的身形,
无不赞叹我是世间
少有的孝子。
三年服丧期满之后,
人们都以为我要重返官场了,
我却宣布——

服丧六年后，
我并没有选择复官，
而是来到洛阳隐居。
汉末党锢之祸，
名门望族不受宦官打击者甚少，
唯有我们袁家一枝独秀。

咱家也出自汝南袁氏，
与两位大人是同宗。

以后还望中贵人多多提携。

宦官 袁赦

袁逢

人在江湖漂啊~

哪能不挨刀啊~

袁绍

张邈

许攸

曹操

一刀我砍死你呀！

砍完我砍自己呀。

不想再靠父辈和宦官的荫庇，
我要自己闯出一条路来。
来到洛阳之后，
我拒绝了宦官的征辟，
倾心折节，
去结识诸多有识之士。
其中，何颙、张邈等人
是被朝廷通缉的党人。

097

此举招致宦官不满，
说我不出来做官，
又阴养死士，
到底要干什么？
叔父袁隗听说之后，
也专门跑来警告我
不要与党人往来，
我不为所动。

你家本初坐地起价，不应呼召而养死士，到底要干什么？

这小子是要搞得我袁家家破人亡啊！

中常侍 赵忠

太傅 袁隗

干掉外戚，南阳何氏就是望族中的望族了！

有道理！

袁绍

何进

不久，黄巾之乱爆发，
朝廷被迫取消党锢，
大赦天下党人，
大将军何进征辟我进将军府。
我唆使何进干掉宦官。

我的好胜心在野蛮生长。
为什么不利用何进铲除宦官，
建立一个由士人主导的
大汉朝廷？
为此，我不惜召董卓进京。

后来局势的走向，
偏离了我的预判，
十常侍狗急跳墙，
诱杀了何进。
我和弟弟袁术
率领何进的部属
攻入皇宫诛杀了宦官，
但朝局最后却被
西凉董卓掌控了。

……第二刀。

何进已死，宦官已除，
作为大将军幕府二号人物的我，
本应是朝堂上最具实力的人，
却被董卓捡了这个便宜。
我不服，硬刚董卓后，
逃离了洛阳，
来到冀州的渤海郡。

废少帝改立刘协。

显阳苑

恐怕大多数人都不会同意你的意见！

董卓

> 我今天这么做，谁敢不从？
> 难道你认为我的刀不快吗？

> 天下刀快的，又不只你董卓。

董卓试图安抚我，
假皇帝的旨意封了我一个
渤海太守。
我并不领情，
以诛宦官、刚董卓的资历，
联合关东群雄起兵共讨董卓。

反董联盟誓

> 打倒董卓！

关东联军还没有讨董，
内部就发生了内讧。
与我最先反目的人，
是相交近十年的好友张邈。
我以盟主身份召集众人会议，
居然被张邈给怼了。

关东盟主，
汝南袁绍，
号令天下，
莫敢不从！

本初，我有句话不知
当讲不当讲……

嗯？

陈留太守 张邈

不是老哥我
多嘴，本初
你也不撒泡
尿照照自己。

滚！

大会

袁绍

那一刻，
我想起了小时候
弟弟袁术对我的羞辱。
在张邈眼里，
难道我还是那个卑贱的私生子？
我决定派曹操杀了他。
曹操不从，
从此好友张邈与我形同陌路。

> 张邈完全不给我面子，孟德你去做了他。

袁绍

曹操

> 张邈是我们的好朋友，无论如何都该容得下他。如今天下大乱，不应自相残杀啊！

> 将军自料在宽仁容众、为天下人所归附方面，是否比得上袁氏？
>> 当然不如。

荀谌　韩馥

> 将军自料在临危果决、智勇兼备方面，是否比得上袁氏？
>> 当然不如。

第二个反目的是冀州牧韩馥。
韩馥身为我们袁家的门生，
居然派人限制我的行动，
为此，我派荀谌去逼韩馥让出冀州牧。

> 将军自料在先世布恩树德、令天下人皆受其惠方面，是否比得上袁氏？
>> 当然不如。

> 那知道怎么办了吧？
>> 我懂了。

三国心灵史

得了冀州之后的我，
更加意气飞扬。
别驾从事沮授又给我进献了
一个宏伟计划——
先夺黄河以北的四州之地，
然后挟天子以令诸侯。

先兴军东讨，定青州黄巾；再还讨黑山，消灭并州张燕。然后回师北征，平幽州公孙瓒。

然后呢？

别驾从事　沮授

河北四州在手后，迎天子于西京，复宗庙于洛阳。以此号令天下，诛讨未服。

好！

公孙兄台鉴：

袁绍他妈不过我们袁家的丫鬟，袁绍也只是我家的"家奴"，哪有资格当盟主。我们一起怼他。

淮南袁术上

与弟弟袁术的公开决裂，
也发生在此时。
我做了关东盟主，
伤了弟弟的自尊。
不久之后，
我派部将偷袭弟弟部将
孙坚的根据地。
弟弟以牙还牙，
遣使与我的宿敌公孙瓒结好。

> 袁绍这个杂种有什么资格做盟主,连他弟弟都不服他。

公孙瓒

献帝初平二年(191)冬,
公孙瓒屯兵磐河,
我在界桥应战。
开战之前,
公孙瓒发了一篇檄文,
造谣我有十宗罪,
第九宗便是骂我是贼子。

界桥之战,
我破了公孙瓒的
三千白马义从,
自己也损失惨重。
此后征战不断,
以双方互相耗尽兵粮
而和解告终。

界桥之战

建安元年（196）七月，
献帝历经千辛万苦，
终于回到了朝思暮想的旧京。
早在冀州的一次战略研讨会上，
沮授曾向我提出迎接献帝。

> 陛下大驾颠沛，我们去迎了他，挟天子而令诸侯！

沮授

郭图

袁绍

> 秦失其鹿，先得者王。如果奉迎天子，服从则主公无权，违抗又于理不顺，还是不迎为好！

> 我们有一个大胆的想法！

辽东公孙度

益州刘焉

淮南袁术

汉献帝

当初我曾强烈反对
董卓立献帝，
后来我又一度想另立
汉室宗亲刘虞为帝。
可以说，我与献帝早已结怨，
更重要的是，汉室倾覆在即，
群雄窥伺不已。
不过这些废物，
谁能和我比？！

建安元年（196）八月，
曹操护卫献帝起程前往许县。
到许县后，献帝下达一封诏书，
严词指责我在讨伐董卓的时候
隔岸观火。
从此，我与好友曹操之间
出现裂痕。

袁绍身为盟主，地广兵多，为什么不来勤王，反而参与内斗？

这分明是曹操在幕后操作，狐假虎威。

别想了接旨吧！

哈哈哈~

咱也是大将军啦！

大将军！大将军！
大将军！大将军！
大将军！大将军！

气愤至极的我，
决定上书反击
曹操嚣张的气焰。
慑于我的实力，
曹操自请降职担任
三公之末的司空，
把大将军的位置让给我。

次年三月,
汉献帝派遣使者孔融
来到邺城,
宣读诏命,拜我为大将军,
兼督冀、青、幽、并四州,
并赐以显示威权的
弓矢、斧钺、汉节和
宫廷卫士一百人。

当时我实际上能控制的
只有冀、青、并三州,
至于幽州,
还在死对头公孙瓒手里。
曹操明知这一切,
却让我去"兼督"幽州,
这不是在激我吗?
向来自负的我,决定去夺幽州。

建安三年（198）岁暮，
我终于歼灭公孙瓒，
取下了幽州。
河北四州，都入我手。
汉光武帝不是占了河北而
赢得了天下吗？
就在我自得之际，
我那不成器的弟弟袁术
说要送玉玺给我。

"如果大将军不弃，我家主公就带上传国玉玺和家小，前来投奔。"

我命令长子袁谭
火速组织轻骑南下，
去迎接他叔父一行和
传国玉玺来邺城。
同时在邺城制造舆论，
为称帝之事做准备。
令我吃惊的是，
文武僚属居然一致反对。

"代汉者当涂高也，我像不像涂高？"

"不，大将军不像。"

大将军有令,立即进行军事动员,准备大举进攻许都!

之所以当不成皇帝,
还不是因为许都
还有一个傀儡天子在?
我决定进攻许都。

这一决定遭到以沮授为首的
冀州谋士的反对,
这些人主张打持久战。
但我麾下的汝颍谋士,
认为可以趁消灭公孙瓒之余威,
速战速决,消灭曹操。

我们河北兵多,曹操河南兵勇,不过河南的粮少。河南宜速战速决,河北宜持久战。

沮授

郭图

袁绍

今以明公之神武,统河朔之强众,伐曹氏易如反掌。今不及时攻取,令其坐大,此后即难以对付了!

袁绍的心结

乌巢之战

高,实在是高!

许攸

速战速决,正合我意。
我有十余万大军,
而曹操两万老弱病残,
兵锋所至,还不是手到擒来!
谁也想不到,许攸叛投曹操,
致使我粮草被焚,
不得已退回邺城。

建安七年(202)夏
五月二十八日,
自感大势已去的我咳血不止。
那一刻,
我想起最初起兵反董的日子……

本初,如果这次讨董不成功怎么办?

我南据河,北阻燕代,兼戎狄之众,向南以争天下。孟德你呢?

我任天下之智力,以道驭之,无所不可。

那时满座白衣,
热血上涌的时候,
我相信自己能征服世界,
待到功成之日,
再像汉高帝那样衣锦返乡,
告乡邑故老,我袁绍再也不是当年
那个卑贱的私生子,
我是九五之尊。

读者有话说

职业铲台

袁绍雄略,不在曹操之下。官渡战前,都是各占四州。曹操是四处征伐,疲于奔命;袁绍主要是不战而屈人之兵,兵不顿而利可全。显然袁绍更高明。官渡战时,袁绍兵多将广,粮食充足,曹操兵少粮缺,未战已成必败之势。袁绍败于自尊心太强和轻敌:如采取"结硬寨,打呆仗"之法,避免决战,双方拼消耗,同样可以不战而胜曹操(司马懿对付诸葛亮的战法)。只是这种打法场面上难看,不为好面子的袁绍所取。官渡败后,袁绍仍有相当实力,若励精图治,未必不能翻盘。但袁绍心态失衡,就这么郁闷死了。看《三国志》惊喜地发现,三国时代吃败仗最多的人竟然是曹操。先后败于徐荣、吕布、张绣、马超、周瑜、张鲁、刘备、孙权等人,但曹操心态好,败后都能从头再来,直至翻盘。

大鱼海棠

这袁绍就像我的领导一样,一天到晚咋咋呼呼的,东搞搞西搞搞,到最后大家忙得要死要活,到月底一看指标业绩也没有比别人更厉害,典型的"操作猛如虎,输出一条狗"。

普普星 July

袁绍之死才是河北袁氏被曹操消灭的根本原因,而非官渡一役之败!官渡之战后,袁绍与曹操又数次对战,最经典的当属仓亭之战,此战失败后,袁绍病死,河北河南之势才彻底逆转。即使袁绍的儿子们不团结,被曹操逐一攻灭,但河北基础太强,直到官渡后八年柳城之战,才彻底消灭袁家势力(还搭上了鬼才军师郭奉孝)。其间还包括黎阳之战等曹操与袁绍儿子间的大规模战争,曹操在黎阳之战甚至未占到什么便宜。另外,荀令公的弟弟荀谌竟然就在历史中消失了。逞口舌之利说服韩馥,兵不血刃替袁绍拿下冀州,在官渡之战中又出任袁军谋主,按说应该也是牛人一名,真是历史悬案啊!

晚风入梦

文中说到曹操面对自己的卑微能坦然接受,其实曹操的卑微和袁绍的卑微是很不同的。曹操虽是宦官之后,在朝堂之上被士族鄙视,在老家却地位显赫,从小成长的内部环境也不错。袁绍生在名门望族,私生子的身份在家里是极受鄙视的,还跟嫡出的袁术处处较劲,这样一个艰难尴尬的成长环境很难养成一个好的性格。"外宽"是名门为他织的一件外衣,"内忌"在他遭受族内冷眼时便已生根发芽,"好谋"是他的不甘,"不决"是性格和能力共同导致的结果。

任衍斌

陈寿评价袁绍是"外宽内忌",这有待商榷!说到底,专制王朝中大部分统治集团的领导者都"外宽内忌"。只不过有的高明不显露,比如刘邦对韩信、朱元璋对胡惟庸;有的则缺乏耐性在言谈举止间外泄,比如项羽对范增、袁绍对许攸。所谓"说者无意,听者有心"就是这个道理。因此,"外宽内忌"实是帝王们的通病,不足为怪。

晨

项羽具有典型的贵族阶层特征,共同体领主色彩明显;而袁绍本质上还是集权主义的僭主。

编后语

陈寿在《三国志·袁绍传》中评价袁绍"外宽内忌,好谋无决",可以说是深中肯綮。袁绍形成"外宽内忌"的性格,与他高门贱子的身份有关。

袁绍出身于高门汝南袁氏,却是一个贱子,常被其同父异母的弟弟袁术骂作"吾家奴"。这成为袁绍心中一生的隐痛,让他从小形成了自卑的性格。这种自卑慢慢又扭曲成了自负,导致袁绍在为人处世中喜欢处处胜别人一筹。最典型的例子莫过于庐墓一事。如果说袁绍为新丧的过继的母亲庐墓三年尚有礼可循,那么再为早已逝去的宗法意义上的父亲袁成追服三年大丧,就完全是自出机杼了。《论语·先进》载:

> 子贡问:"师与商也孰贤?"子曰:"师也过,商也不及。"曰:"然则师愈与?"子曰:"过犹不及。"

春秋时期,孔子的学生子贡问孔子他的同学子张和子夏哪个更贤明一些。孔子说子张常常超过周礼的要求,子夏则常常达不到周礼的要求。子贡又问,子张能超过是不是好一些?孔子说,超过和达不到的效果是一样的。孔子不愧是圣人，对人性的洞悉非常透彻。晚清学人周寿昌就此评论袁绍丁忧的行为说：

> 观《献帝春秋》云"董卓收绍母及姊妹婴孩以上五十余人下狱死"，足征绍之生母惨死在后，而绍荡然忘哀，视行嫡母服时又一人矣。（卢弼《三国志集解》）

为宗法意义上的父亲追丧，却在生母惨死之际荡然忘哀，袁绍真是时刻不忘与给他带来卑贱身份的生母切割。这让我想起高中时候的一件小事，有位同学是乡村来的，在县高中寄读。有一次，他母亲为他送米，他领着衣着朴素的母亲回宿舍，自己远远走在前面，生怕其他同学嘲笑他有一位"老土"的母亲。我能理解这种青春期隐秘的自卑心理，不能说这位同学不爱他的母亲，正如不能说袁绍是一个天性凉薄的人——毕竟他还是把生母带到了京城。

服丧六年后，袁绍并没有选择复官，而是来到洛阳做了一个游侠。袁绍为什么会这么做？以前顺利进入政界，包括自幼充任郎官，弱冠担任县长，都是依靠父辈的力量，并非个人奋斗的结果。父辈的力量从何处来？是从天下人皆曰可杀的宦官而来。

是以袁绍借为父母服丧的机会，辞去县长，表明自己与过去——也就是与父辈荫庇和宦官援引的状态，彻底断绝。不仅如此，袁绍被外戚何进征辟之后，千方百计唆使何进杀宦官，何进意外身死后，袁绍冲进宫中见到没胡须的就狂砍。这种努力与宦官切割的心态，与袁绍对生母的态度如出一辙。大概在袁绍看来，自己身上的一袭白衣绝不容沾上半点污垢。

自卑慢慢畸变成自负，让袁绍在关键时刻无法做出最优的决断。第一件事是迎接汉献帝，袁绍放弃了冀州谋士沮授的建言，而采纳了汝颍谋士郭图的意见。第二件事是攻打曹操，袁绍又放弃了沮授打消耗战的方案而采纳了郭图快攻的意见。官渡之战袁绍之所以战败，虽说与其麾下的冀州集团和汝颍集团互相拆台不无关联，但袁绍本身极度自负的性格也是一个不可忽视的成因。

相较于袁绍，曹操面对卑微则更为坦然。宦官之后的身份是曹操内心的隐痛，但他能够从容面对，《魏书》载：

> 陈琳作檄，草成，呈太祖。太祖先苦头风，是日疾发，卧读琳所作，翕然而起，曰："此愈我疾病。"太祖平邺，谓陈琳曰："君昔为本初作檄书，但罪孤而已，何乃上及父祖乎！"琳谢曰："矢在弦上，不得不发。"太祖爱其才，不咎。

官渡之战前，陈琳作《为袁绍檄豫州文》，痛斥曹操是"赘阉遗丑"，曹操卧读陈琳檄文，竟惊出一身冷汗。后来官渡之战袁绍战败，陈琳被曹军俘虏，曹操对陈琳说，你骂我就骂我，骂我祖宗干什么？轻轻翻过了这一页。

袁绍一直在努力用行为告诉世人，他再也不是那个卑贱的私生子。结果，他败在了同样出身卑微的曹操的手里。袁绍不明白，人生的悲苦永远不会消逝，他以为摆脱了的卑微过去，其实一直藏在那一脸自负的神色里。而面对卑微，曹操很坦然，所以他赢了。

刘表的心史

世人对刘表的看法是虚有其表。而刘表晚年的悲剧,与其归咎于他不能顺应时势,不如说是坚持自己价值观的结果。

建安十三年（208），
我遭遇了人生的滑铁卢。
那年7月，曹操南征攻打荆州。
66岁的我，
进退失据，倍感煎熬。

站在十字路口，
何去何从？

镇南将军·荆州牧 刘表

这样的苦果,
其实是8年前我自己酿成的。
那时曹操与袁绍相持于官渡,
荆州的立场对于双方至关重要。
我口头答应援助袁绍,
却不愿发一兵一卒。

袁绍:曹阿瞒挟天子以令诸侯,景升与吾一起盘他!

刘表:好的呀,么么哒!

哼……这滩浑水我再观望一下。

> 按兵不动恐遭双方怨恨,
> 不如趁机起兵雄霸一方。

别驾 刘先

蒯越

> 我看曹操靠谱,
> 不如投靠他吧。

部下纷纷相劝,
要么趁机起兵称雄,
要么投靠其中一方,
很多人都偏向曹操。

> 曹爷托我给您
> 带个话儿……

> 白日做梦!

从事中郎 韩嵩

我犹疑不决,
派韩嵩去许都考察。
结果这家伙被拜为侍中,
回来力夸曹操,
劝我遣子入朝。
要不是夫人蔡氏拦着,
我气得当场就要斩杀他。

刘表的心史

其实我内心是偏向袁绍的。
曹操小我十几岁，
地盘在荆州北边，
我们在边境摩擦不断。
我于是跟他北面的袁绍结盟，
远交近攻以便节制。

官渡之战我没有做出选择，
眼看着曹操打败袁绍坐大。
后来还有一次机会，
曹操远征乌桓，
刘备劝我动手。
可是我又一次犹豫了。

"攻其无备，出其不意。"
表哥，出一波。

下不了手怎么办……

求戳戳~

刘备　　刘表

三国心灵史

蒯越

蔡瑁

刘琮

亲曹派

眼下除了外忧,还有内患。
手下的这帮人早已离心。
分成了亲曹派与反曹派。
亲曹派是本地土豪,
荆州真正的主人;
反曹派以刘备为首,
亦非池中之物。
我的两个儿子,
也裹挟了进去。

> 琮娃子接我的班儿!

年初时,我权衡再三,
选择了小儿子做继承人。
离开本地土豪的支持,
是不可能立足荆州的。
大儿子也很识相,
主动要求外放江夏做了太守。

刘表的心史

诸葛亮

刘备

刘琦

反曹派

可是,
投降曹操,我低不下头;
对抗曹操,又没有实力。
我这个风光一时的荆州牧,
被逼到了无路可走的死角,
各种嘲讽纷至沓来。

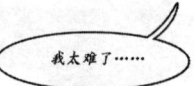

外宽内忌,
好谋无决……
有才不能用,
闻善不
能纳……
废嫡立庶,
舍礼崇爱……

我太难了……

在世人眼里，
我成了一个胸无大志、年老昏聩之⋯
可谁还记得，
我曾凭一己之力
打造了这一方乱世桃源？
曾几何时，
我也是家乡山阳郡的一名
翩翩宗室少年。
身高八尺，容貌俊伟，敏而好学，
17岁求学于经学大师王畅门下。

（王畅）孔子的中心思想是个仁，仁的表现是己欲立而立人，己欲达而达人，己所不欲，勿施于人。

（少年刘表）

那时家乡豪族崇尚奢靡，
老师身为南阳太守，
却常常身着布衣皮褥，
驾着一辆破败马车出行。
少年的我爱独立思考，
对老师刻意的生活作风
提出质疑。

老师你太过节俭了。奢不僭上，俭不逼下，这才是中庸之道，否则就脱离群众了。

君子约束自己，总不至于犯错。我这也是为了矫正奢靡之风。

我痛恨宦官专权、政治腐败,
常与家乡热血青年们一起,
指点江山,抨击时政,
一心向往用儒家理想,
改造汉末这黑暗的世界。
我们被誉为——
"八顾""八俊""八友"。

奸雄当道,
宗室焉存?

青年刘表

我们成为士人推崇的清流,
却被宦官视为眼中钉、肉中刺,
于是被诬陷结党,诽谤朝廷,
终于遭遇了党锢之祸。
有人被抓,有人被杀,
我及时逃跑,幸免于难。

天下就要大乱了!

洛阳

逃亡多年后,党锢解除,
年近五旬的我被大将军何进征召,
任命为负责都城安全的北军中侯。
还未大展宏图,何进就被宦官所杀,
随后董卓进京攫取了军政大权。
恰巧这时荆州刺史被杀,
我赶紧领了这个职位逃离洛阳。

此时的荆州也是一片混乱。
北边南阳郡被袁术占领，
南边长沙郡被东吴苏代占领，
宗族割据作乱，各处草寇蜂起。
道路阻塞，我这个封疆大吏，
甚至无法去往州治所江陵。

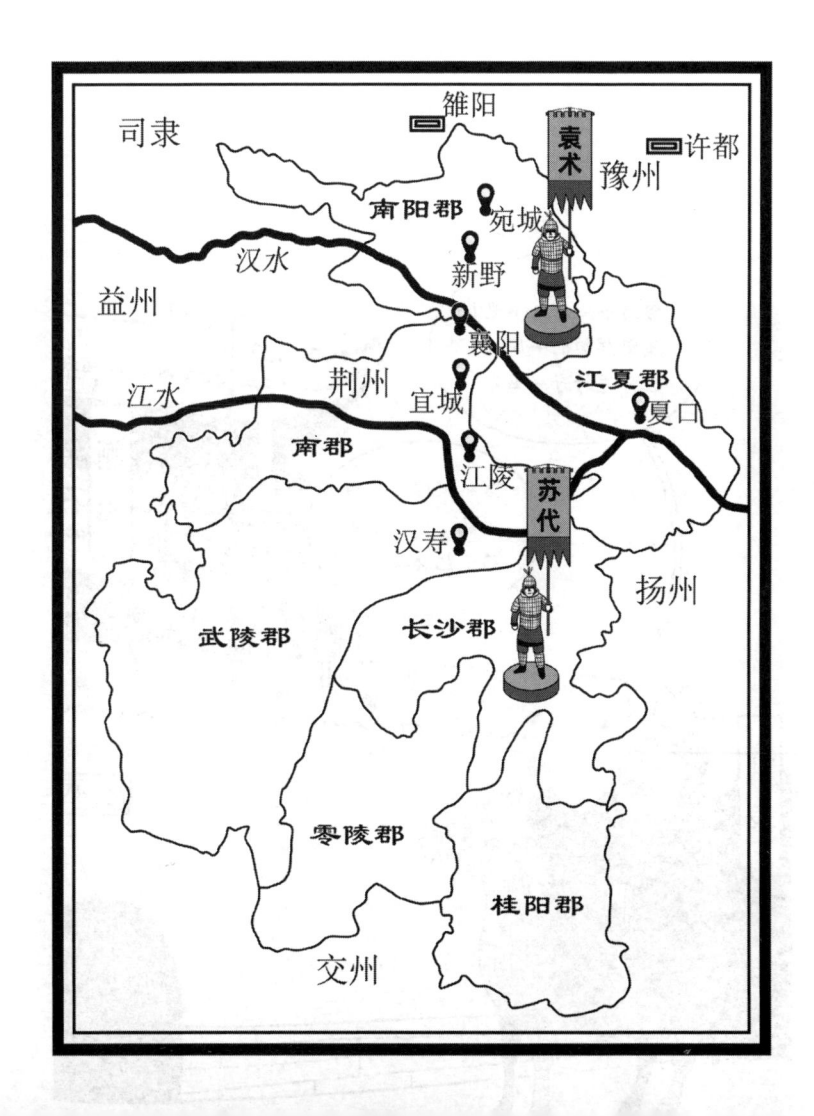

袁术这小子野心勃勃,
先前怂恿孙坚杀了前任刺史,
又杀了南阳太守,盘踞于此。
我不得不偷偷穿过南阳,
来到襄阳旁边的宜城,
单枪匹马拜访当地豪族。

刘表的心史

治世用仁义，乱世用权谋。
如今外有袁术窥视，内有
宗贼作乱，攘外必先安内，
先用计除掉宗贼……

刘表

弟，蒯越，字异度

兄，蒯良，字子柔

大乱，只因仁义不行；
行仁政，百姓自然信服。

其实朝廷已无权威，
任命只是一纸空文，
赤手空拳的我要想立足，
必须争取土豪的支持！
我向他们征求治理荆州的意见，
蒯家两兄弟给出了不同的建议。

这两个提议我都很赞许。
我想起了春秋时的晋文公，
既要用权谋解决一时之务，
更要眼光长远安百世之利。

注：春秋时期，晋、楚城濮之战前夕，晋文公向雍季、臼犯二人问计。臼犯主张用诈谋，雍季说诈谋不是长久之术。晋文公用诈术取胜，在行赏时却把雍季排到前面。

子柔之言，
雍季之论也。
异度之计，
臼犯之谋也。

"刘荆州有赏,先到先得,脚慢者无!"

蒯越

于是我先采纳
蒯越之计,
将各地五十来个
占山为王的宗贼,
尽数诱骗到宜城。

等他们到了宜城,
再出手将头领一网打尽,
部众群龙无首,战战兢兢,
我再顺势安抚,统统收编。

"谁还想当带头大哥啊?"

"我们听话!
我们乖巧!"

刘表的心史

荆州的治所定在哪里好呢？
我看上了南郡下辖的襄阳。
这里水陆交通便利，
地形险要，土地肥沃，
拥戴我的豪族云集于此。

此时的襄阳城被
江夏郡的人占据，
我派蒯越等本地人出马，
威逼利诱招降了他们。
其他那些不听号令的郡守，
吓得纷纷解去印绶，逃之夭夭。

一年时间，软硬兼施，
我平定了荆州的内乱。
又扩大步骑兵，
组建水军，
挫败了周边军阀的入侵。
我手下的黄祖
射杀了孙坚，
与东吴结下了死仇。

啵呜……哪个龟孙儿偷袭我？

为了更好地融入当地，
我续娶了豪门蔡氏做后妻，
为小儿子刘琮娶了蔡氏侄女。
蔡家是襄阳最大的地主，
地产多多，奴仆成群。
通过政治联姻，
形成了一个蛛网交错、
囊括八大家族的
上流名士圈子。

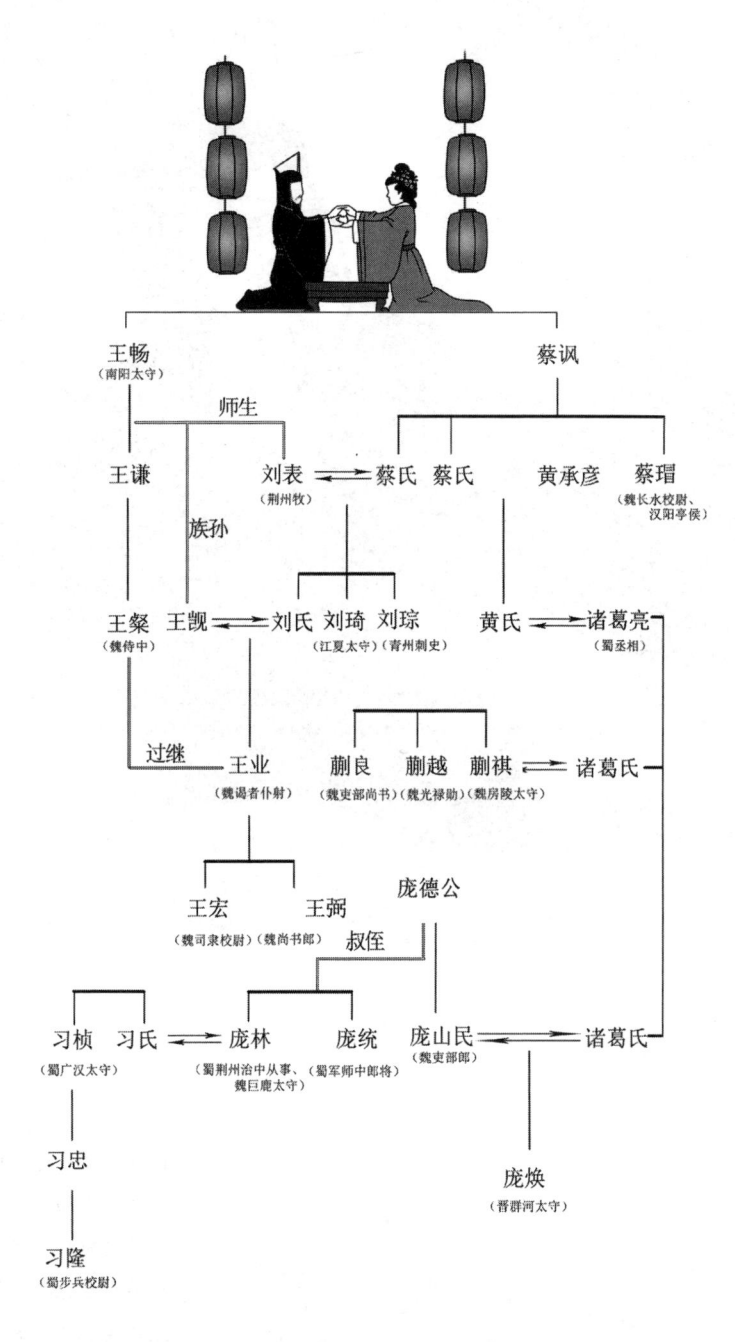

```
                        王畅                           蔡讽
                      (南阳太守)
                ┌────────┴──┐师生
              王谦      刘表 ⇌ 蔡氏  蔡氏   黄承彦   蔡瑁
                      (荆州牧)                   (魏长水校尉、
                        族孙                      汉阳亭侯)
          ┌─────┴───┐   ┌──┴──┐      ┌───┐
        王粲  王凯 ⇌ 刘氏 刘琦 刘琮   黄氏 ⇌ 诸葛亮
       (魏侍中)               (江夏太守)(青州刺史)   (蜀丞相)
           │过继
           王业           蒯良  蒯越  蒯祺 ⇌ 诸葛氏
         (魏谒者仆射)   (魏吏部尚书)(魏光禄勋)(魏房陵太守)
         ┌──┴──┐
       王宏   王弼           庞德公
      (魏司隶校尉)(魏尚书郎)  叔侄
  ┌───┬──┐              ┌──┴──┐
 习桢 习氏 ⇌ 庞林   庞统   庞山民 ⇌ 诸葛氏
(蜀广汉太守)   (蜀荆州治中从事、(蜀军师中郎将)(魏吏部郎)
              魏巨鹿太守)
  │
 习忠                       庞焕
  │                      (晋群河太守)
 习隆
(蜀步兵校尉)
```

图表参考来源:《列族的纷争: 三国豪门世家的政治博弈》

> 硬实力，软实力，
> 两手都要抓！

除了武功，还有文治。
荆州的政局稳定下来，
我就把重心放在了文教事业。
改造世道人心需仁义教化，
这才是我认为的"百世之利"。

南下避难的世家众多，
荆州一时人才济济。
我模仿洛阳太学开设州学，
开立学官，博求儒士，
洪生巨儒，朝夕讲学。
宋忠、司马徽等
古文经学家们，
在此形成了学术文化史上的
荆州学派。

我不满意老版的经学教材，
章句烦琐，满篇浮辞，
便组织儒士进行删改，
编写了一个简明版本。
这是古文经学第一次
引入官学。

由于北方大乱,
洛阳官府藏书全部被毁,
私人藏书也大多毁于战火。
我组织人广泛搜集整理,
使荆州官府藏书成为全国之冠。

其实我骨子里是个儒生,
权谋、征霸都不是我的追求。
那些一心想经略天下的谋士,
或隐居田园,或失望而去。
投靠我的外来户中,
刘备是个不甘人下的豪杰,
我把他放在北边对付曹操。
他郁闷地待了几年,
寻到了年轻的诸葛亮,
给他设计了《隆中对》,
首先就是算计我的荆州。

刘表这个亲戚太软懦,
我还是等待雄主吧……

诸葛亮

刘表的心史

荆州是个四战之地,
四周布满虎视眈眈的野心家。
保这一方乱世乐土十九年,
我亦算竭尽全力,问心无愧了。
眼下那些昔日拥戴我的土豪,
早已筹谋着迎接他们的新主人了吧。

我无力掌控,心力交瘁,
终于一病不起。
命运,似乎替我做出了选择。

哎

终于解脱了……

编后语

陈寿在《三国志·刘表传》中，结合袁绍，对刘表作出如此评价：

> 袁绍、刘表，咸有威荣、器观，知名当世。表跨蹈汉南，绍鹰扬河朔，然皆外宽内忌，好谋无决，有才而不能用，闻善而不能纳，废嫡立庶，舍礼崇爱，至于后嗣颠蹶，社稷倾覆，非不幸也。

这个评价可谓深刻，刘表和袁绍至少都犯了三个方面的错误：

一是外表宽容，内心多疑，喜欢谋划，缺乏决断。这样的性格使得他们多次在关键时刻犹豫不决，错过机会。

二是不善于纳谏，不会使用人才。荆州人才济济，刘备、诸葛亮、荀攸、杜袭等，均未受到重用。诸葛亮宁愿隐居，也不出仕。刘备被小心提防，放在对抗曹操的前线上，作了一枚马前卒。

三是不顾儒家礼仪和宗法制度，废长立幼，在后嗣问题上埋下了倾覆的地雷。后来曹操在立嗣问题上征询意见，聪明的贾诩只提了提刘表的前车之鉴，曹操就立马做出了决策。

这样的评价其实也代表了大多数世人对刘表的看法：虚有其表。但这样的评价来自成王败寇的价值观，如果放大到刘表的整个人生来看，则未免显得太过片面，失之偏颇。

刘表字景升，山阳郡鲁恭王后代，"长八尺余，姿貌甚伟"。比起草根出身的刘备，他是皇家认证的宗室近支，货真价实的高富帅一枚。

难得的是，这个高富帅还是个学霸，写得一手好字，精通儒家经典，小小年纪就独立思考，敢于质疑自己的大师级老师。更加难得的是，这个学霸人品很好。年轻时血气方刚，不畏权贵，抨击现实，流亡数十年而不悔，为理想付出了最美好的青春年华。那时流行名士品评，他被列入"八顾""八俊""八及"这样的光荣榜单。无论走到哪里，都自带名士光环。

皇室宗亲、有道儒生、高洁名士，带着这样的标签，当刘表年近五十来到荆州时，很自然地受到了当地土豪的拥戴。此时创业的刘表，年纪也不小了，除了一堆光环和一纸任命，其实一无所有。但他很懂人情世故和官场规则，认清了土豪与自己的共同需求：安定荆州。相同的目标让他们走到了一起，甚至深度捆绑，结成姻亲，度过了一段蜜月期。他们一起将荆州打造成一个少有战争，百姓安居乐业的乱世桃源。

但刘表终究还是一个儒生，没有逐鹿中原的雄心，军事行为只限定在保卫荆州，被时人评为"岂拨乱之主""非霸王之才"。仓廪实，知礼节，他把工作重心放在了文化教育上，这是一个儒生眼中的"百世之利"。

有趣的是，刘表先祖鲁恭王做过一件儒学史上惊天动地的事：修宫殿，破坏孔子旧宅，却无意从壁中取得先秦古文书写的"古文经"，于是儒家分裂出一个"古文派"。后来刘表治理荆州时，延请古文经学家宋忠、司马徽等讲学授课，形成了一个文化史上的荆州学派。

刘表兴办官学，恢复儒家礼乐，收集整理藏书，对文化火种的保存、学术的延续和发展，做出了重要贡献。

荆州为政十九年，保障地方安宁，繁荣文化学术。这样的政绩，在东汉末年之乱世，实在是异常难得，善莫大焉。

刘表的性格，可从多侧面分析。比如好谋无断，其实只是在晚年的抉择上。年轻时逃难流亡，中年时单枪匹马治理荆州，他都是迅速判断形势，做出理性选择，没有犹豫徘徊。他晚年面对抉择的痛苦，一方面年纪太大，放不下眼前，很难顺应时事变化；另一方面也有价值观的因素。作为儒生，天然排斥征霸的野心家，曹操的出身和德行，更是与他格格不入，从心理上很难接受。

不善纳谏，不会使用人才，多半是针对那些有政治抱负的谋士。道不同，不相与谋。对于与他目标一致的荆州土豪，一开始就征求意见，虚心采纳。刘表使用人才的标准，更多遵从儒家德行而非才能。而曹操则相反，不拘一格降人才，军事、政治人才济济，最终成就霸业。

在废长立幼上，刘表受到后妻及荆州土豪的左右，也许更多的是出于无奈。毕竟失去当地人的支持，即使长子做了继承人，也难以在荆州立足。

在价值观上，他偏向抗曹的刘备和长子；就现实而言，又不得不选择土豪支持的幼子，尽管土豪们心向曹操。徘徊多年而没有选择，他内心的迷惘和痛苦，可想而知。

《后汉书》记载，刘表死后，在荆州凡二十年，家无余积。个人品格和操守，可见一斑。刘备逃离时仍不忍夺取襄阳，路过刘表墓前放声哭祭，对刘表心存感激和认可。

刘表晚年的悲剧，与其归咎于他不能顺应时势变化，不如说是坚持价值观的结果。

世间的人性，本是横看成火，侧看成冰。一个对社会做出了重要贡献的人，落得如此评价，让人唏嘘。

刘备的抉择

携民渡江是刘备一生中人性光辉最为闪耀的时刻。为保护十余万百姓,刘备拒绝了提前抢占江陵的建议,甘愿接受败局。

一转眼，我，刘备，
来到荆州，已经七个年头了。

七年了……

好多故事

好多心痛

好多心酸

好聚好散……

曹操提刀杀将来也！

最近有个事儿
让我颇为头疼。
这件事，就是……

而且，
曹军的先锋已经到宛县了，
宛县离我这儿，
简直就跟脸贴脸似的这么近！
我魂都快吓飞了！

入夜后，我寝食难安。
只能挥洒汗水，
狂修草鞋排解忧闷。

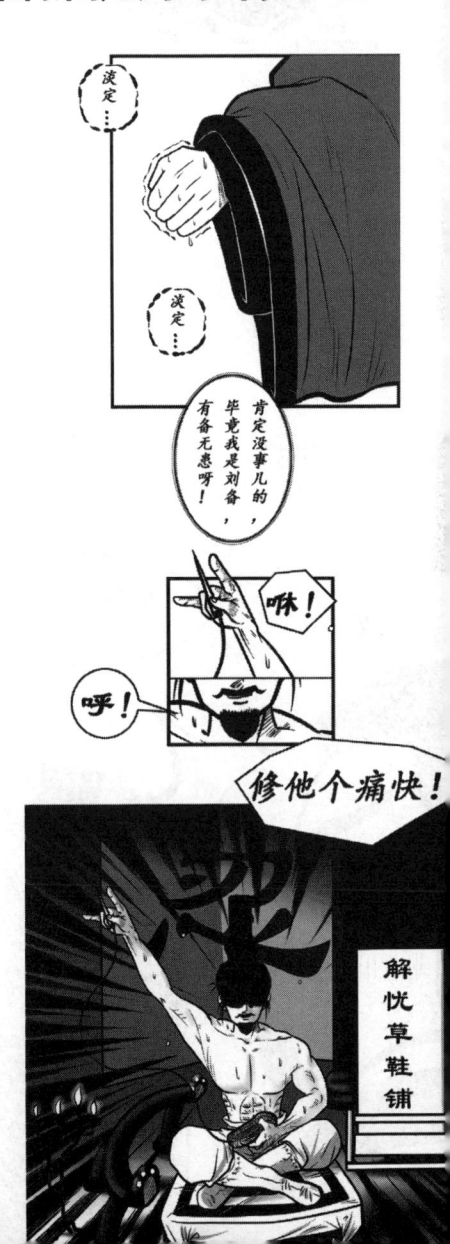

就不告诉你 就不告诉你 就不告诉你

曹军逼近这么重要的消息，
刘琮居然不告诉我。

这小子当上荆州牧才几天，
没想到要投降曹操。
还好我多年混迹江湖，
感觉不对劲，逼问刘琮，
他才派了宋忠过来给我解释。

呃……

Hello, it's me,
宋忠。

宋忠？
这是要给我送终吗？
简直太不厚道了！
刘家的那点破事
我简直不想多说！
想当初……

【一、荆州往事】

老袁，沙扬娜拉！

我闭上眼睛，
遥想八年前，
就是你们所谓的公元200年，
官渡之战最激烈的时候，
强烈的失败预感
让我逃离了袁绍阵营，
没有被老对手曹操抓住。

袁绍药丸
趁早逃命

我投奔荆州的刘表兄。
他觉得我是个英雄，
亲自来迎接我。

后来呀，
我成功伏击曹操大将夏侯惇。
一战成名，
引得荆州豪杰纷纷投奔。
这却让刘表兄倍感不爽。

干（ni）得（suan）漂（ge）亮（pi）！

豪杰　刘备　刘表

风头盖过了老大，
我玩脱了。
从此事事不如心。

刘表兄一撸袖子，
把我调离了一线岗位，
安排在
离他的豪华办公室所在地襄阳
仅一水之隔的樊城。

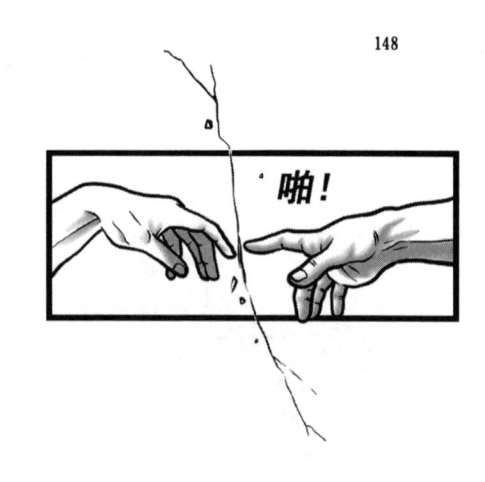

啪！

锁定你噜！

刘备的抉择

郁闷的我,
在那里思考人生好几年。
207年,我寻找到26岁的卧龙先生孔明。
他给我设计了三分天下的《隆中对》。
46岁的我眼前一黑……
啊,不,眼前一亮,
感觉人生充满了希望。

隆中对

> 相信我,这篇文章两千年后会成为国人必背。

> 哈哈!好想看到他们哭笑不得的样子啊!

亮躬耕陇亩,好为《梁父吟》。身长八尺,每自比于管仲、乐毅,时人莫之许也。惟博陵崔州平、颍川徐庶元直与亮友善,谓为信然。时先主屯新野。徐庶见先主,先主器之,谓先主曰:"诸葛孔明者,卧龙也,将军岂愿见之乎?"先主曰:"君与俱来。"庶曰:"此人可就见,不可屈致也。将军宜枉驾顾之。"由是先主遂诣亮,凡三往,乃见。因屏人曰:"汉室倾颓,奸臣窃命,主上蒙尘。孤不度德量力,欲信大义于天下,而智术短浅,遂用猖蹶,至于今日。然志犹未已,君谓计将安出?"亮答曰:"自董卓已来,豪杰并起,跨州连郡者不可胜数。曹操比于袁绍,则名微而众寡。然操遂能克绍,以弱为强者,非惟天时,抑亦人谋也。今操已拥百万之众,挟天子而令诸侯,此诚不可与争锋。孙权据有江东,已历三世,国险而民附,贤能为之用,此可以为援而不可图也。荆州北据汉、沔,利尽南海,东连吴会,西通巴、蜀,此用武之国,而其主不能守,此殆天所以资将军,将军岂有意乎?益州险塞,沃野千里,天府之土,高祖因之以成帝业。刘璋暗弱,张鲁在北,民殷国富而不知存恤,智能之士思得明君。将军既这不,机会来了!

你脑袋进水了,想一想皇上在哪里。

你这二货!我还在许都啊!

汉献帝

曹操这小子为了搞掉袁氏,
想跨省揍乌桓,
就是那个支持袁氏的武装集
我赶忙劝刘表兄
偷袭曹操老巢许都,
这是多好的机会啊!

因为我这该死的才能，
让刘表暗生嫉妒。
曹操可能早就料到
刘表跟我不合这一点，
放心大胆地
跨省殴打乌桓去了。

待曹操"嗨皮"凯旋、
荆州成为下一个目标的时候，
刘表兄慌了，
毕竟豪华办公室要被
曹魏物业集团强拆了。

而且刘表同志身体
一天比一天虚，
他那两个不争气的儿子
刘琦、刘琮为了争夺家产，
打得脑袋都破了，
经常被荆州路边社曝光。

不过，
两儿子的后妈蔡夫人支持
老二刘琮，
蔡家可是荆州根深蒂固的土豪。
有蔡氏集团的加持，
刘家老大、老二双方
实力的天平就翻了，
刘琦感觉自己快玩完了，
多次找孔明出主意。

刘琦听懂了,
赶紧申请去当江夏太守,
离开了是非之地。
其实孔明先生这个计划,
一半也是为我留个后路。

老大,
让刘家老大同志出镇江夏郡,
防御孙权。

等景升(刘表)一死,
刘老大和刘老二互相握有兵权,
必然会像袁绍的不孝子们
那样爆发内讧。

到时候咱有机会出来
调停双方、收拾残局,
来个渔翁得利。

嘻嘻
你这小嘴儿
像抹了蜜,
说的话
正合我意。

很快,刘表挂了。
断气之前,为了测试我的忠心,
还说把荆州留给我,
其实他早就把位子传给了
刘家老二刘琮,
让他C位出道。

为避免尴尬,
刘表快死了都不让刘琦来
探望自己。
后来大家又都很支持刘琮,
让我无讦可调。

就算我接手荆州,也坐不稳。

曹操、孙权可能还要找借口揍我。

毕竟我对这二位"绅士"的威胁,
可比刘家老二的威胁大多了。

大哥你还好吗?
何事忧愁?
说出来二弟为你分忧!

俺也一样!

刘备的抉择

这些都不是大问题，
关键问题是，
刘琮这小子
居然要投降曹操，
我跟曹操的关系又是死结，
这简直就是要让我C位出殡！

【二、我的抉择】

情况焦急，
孔明建议我夺取
刘琮的襄阳。
我当时一跺脚，
简直想叫好！

荆州形势图

虽然荆州的军队、官吏聚集于襄阳，
但是粮储、军械却集中在江陵。

而且，
江陵还有一支让曹操和东吴都头疼的水军！

有兵又有粮，
不如去江陵吧！
我走陆路，
关羽率领我的水军走水路，
最后会师江陵。
这如意算盘真妙！

对了你们不知道，关羽还是训练水军的一把好手。

我揉揉跺痛的脚,
忽然听到鸡鸣鸟叫,
窗外天色渐亮。
不管怎样,
我要做出一个选择。
我必须要走了。
城里百姓嘛,让人通知一下,
愿意跟我走的我也带着。
可别说我不管
百姓们的死活。

我们要撤啦!
愿意走的
跟我们一起走!

LB 跑鞋→

哐哐哐哐哐~~~!

我骑着马准备出发的时候,
乌泱乌泱的人群已经在等我了。
百姓们都决定追随我去江陵。
原以为我只是说一说而已,
没想到百姓……
好意外。

这该死的风沙迷住了我的眼睛

襄阳
↓

回收旧手机,旧冰箱,旧空调……
欸?
不好意思放错了……
刘总出来
一起走啊!

yeah,听不见。

刘备

降噪耳机

刘琮

我带着军民,渡过汉水。
路过襄阳城下,
我停下马来招呼刘琮,
他吓得不敢露面。

襄阳城中不愿降曹的人,
也来追随我。
队伍一下子变得臃肿,
人员十几万,辎重数千辆,
每天也就走十里地。

刘备队伍

乌龟
速递

我的速度都比你们快!

曹操的追兵逐渐逼近，
部下劝我赶紧先跑。
于是，
一个抉择摆在我面前：

送命题（单选）：
A、我自己走，快速赶到江陵，得到那边的军资，有资本跟曹操对刚。
B、与大部队一起走，然后被曹军追上，全军覆没。

说曹操曹操到！

曹军先锋骑兵

条件反射下，我想选 A。
生还是死，答案很简单。
而且，
我刚听到消息，
襄阳已经陷落。

小时卖鞋织席。

青年时与关张结识。

23岁在财团资助下起兵讨伐黄巾。

投奔
公孙瓒、陶谦、曹操、
袁绍、刘表
等各种豪强……

刘备的抉择

可是，
生死关头，
我却迈不开腿。
眼前突然浮现出了我的
大半生……
命运，就是颠沛流啊。

我没有豪华家世背景，
没有一块立足之地，
总是寄人篱下讨生活。
大家都说我
是英雄，讲仁义，
可是却暗中提防，
甚至赶尽杀绝。

我这一生，四十多岁一事无成，
到底剩下些什么呢？

唉。

不过……

眼前这些人，
为什么要心甘情愿跟着我呢？

队伍拥挤着前行,
我骑着马被堵在中间。
我直起疲惫的身子,
环顾四周。

大难将至,
人群却没有惊慌溃散,
大家扶老携幼,
只是默默地走路。

扑哧扑哧……

骨碌碌……

刘备的抉择

我的心里突然有了答案,
我做出了一个艰难的选择。
我一不小心、情不自禁,
说出了一个一千多年后
人尽皆知的口号——
以人为本!

夫济大事必以人为本。
今人归吾,
吾何忍弃去!

刘豫州到哪里,我就跟到哪里。

我也是。

我也是。 我也是。

我也是。

我也是。

我不知道后人如何理解这个词,
但眼前的我知道,
我这一生纵横乱世
倚仗的是什么。

我们都会跟着您。

听见了吗,曹阿瞒。

刘备的抉择

"不要命的，就来抢个试试。"

赵云

该来的还是来了。
当阳县长坂，曹军追杀上来。
士兵百姓四散奔逃，
哭喊声一片……

惨烈啊！我两个女儿被俘。
只有子龙怀抱阿斗，
保护甘夫人杀出一条血路……

我的好兄弟张飞，
据守河流，阻断桥梁，
怒目圆睁，立马横矛，
曹军竟无人敢近。

"谁！敢过来！"

那是我人生中
最黑暗的时刻。
我顾不上亲人、
顾不上百姓,
甚至顾不得喘息,
只能……

逃命、

逃命、

还是逃命。

一路狂奔到汉津,
正好碰上关羽的水军。
后来,
又得到了刘家老大刘琦的接应。
只剩下数十名骑兵的我,
终于有惊无险地缓过来了。

> 二弟,我……

> 大哥啥都不用说,
> 哭出来就好。

三国鼎立矣。

诸葛亮　鲁肃

刘备的抉择

我遇到了东吴派来
打探消息的鲁肃，
他劝我与孙权结盟。
在鲁肃和孔明先生的努力下，
孙刘两家迅速结成同盟。
我的人生从此翻开了全新篇章。

这年冬季，
我们同盟军枕戈待旦，
跟曹操大军终于
在长江沿岸的
某处遭遇。
这个地方叫——

赤壁

读者有话说

王余进

　　刘备最让人敬佩的地方，是对理想的不懈追求。年近半百而无立锥之地，到处颠沛流离，却从未放弃匡扶汉室（谋取天下）的雄心壮志。拼搏半生，到最后还是寄人篱下，几乎一事无成。换作常人，不知道要心灰意冷到何种地步。然而刘备，却像一只打不死的小强，即使在这种地步，仅仅是髀肉复生这种小事，都让他忧虑，让他再度提醒自己，决不能就这样庸庸碌碌地做一个小人物度过一生。所以辛弃疾在词里也说："求田问舍，怕应羞见，刘郎才气。"

米兰的小菜农

　　大耳贼颠沛流离还能聚拢团队，乃至压过地头蛇尽收民心，政治水平绝对有把刷子，博望伏击夏侯惇也证明其军事能力。讲道理后世吹捧大耳贼不是没道理，曹操、孙权个人能力也强，但毕竟是倚仗家中势力起家，草莽出身织席贩履的大耳贼能三分天下，可称真英雄也。如果诸葛亮的战略意图按部就班地实现，大耳贼成为刘邦、朱元璋的概率会增加很多，可惜目中无人的关羽擅自发动襄樊战役，引发连锁反应，导致大耳贼头脑发热在夷陵扑街，蜀汉气数已尽再也无力翻身。卧龙凤雏五虎上将却未得天下，时也，运也，命也。

Antonio.Lee

　　刘备的选择更多的是无可奈何。中前期没有强有力的军队，没有太靠谱的号召力，靠着汉室贵胄勉强为继。他和曹操一样有着无可奈何的一面。刘某人为了成就霸业，必须走伪善的腹黑路线，曹某人为了达到政治理想抱负,只能走权奸的道路。二者都有不可言说之苦,只因刘某人有相对正统思想的遮羞布,即皇族后裔匡扶汉室,让他与只有权臣摄政篡汉的曹老板的身后事截然不同。

江山风雨情

马后炮一下。当年看三国,不理解为什么不用子午谷之谋,长大之后,才明白以西蜀的那点家底,魏文长的奇谋,不是不能试,只是问题在于长安难打。后世隋炀帝伐高丽时,杨玄感和李密造反,攻打长安,结果长安守军死战不退,反叛军屡攻不下,隋军返师夹攻,叛军大败溃逃,以当时的情况都这样了,蜀军那点力量又如何攻下帝都长安?而打不下长安,万一魏军从前线返师,两相夹击之下,蜀汉的家底怕直接没了。到时候能回去半数人怕是幸运了!就如日本战国的长筱合战,最精锐的武田赤备骑兵队死磕织田、德川联军的铁炮阵地,最后固然让联军付出伤亡近六千人的代价,但自身损失一万五千多,二十四将也大半战死,武田氏从此一蹶不振。这样的打法,亏本呀!再说子午谷行军也不容易吧!后来崇祯时期,高迎祥造反被打败后走子午谷,结果直接给人堵住出口抓去北京剐了!所以,孔明军师就是想冒险也没那个胆子。

心中总有爱

如果要在三国时代选一位长跑冠军,则非刘备莫属。从23岁踏入江湖,刘皇叔就开始了他的跑路生涯,跑路时间跨度之大、跑路里程之长让他人望尘莫及。然而就是这个大耳贼,经过二十多年的跑路终于跑出了一个鼎足三国,从青年到中年,屡败屡战,愈战愈强,从不言弃,确实是我辈的励志榜样。

编后语

携民渡江,是刘备一生中人性光辉最为闪耀的时刻。十余万百姓、士人跟随刘备渡过汉水,南走江陵,而刘备为了保护这些人,拒绝了提前抢占江陵的建议,甘愿与他们接受败局。那么,当时为什么那么多人都愿意追随刘备呢?

跟随刘备南走江陵的庞大队伍,大致可分为三类人:第一类是刘备的部下、军队、家眷随从;第二类是刘备路过襄阳时,不愿意跟随刘琮投降曹操的荆州士大夫;第三类是樊城、新野、襄阳等地的百姓。这三类人各有追随刘备的原因,我们试着一一分析。

第一类人数量不多,但与刘备的关系最为亲密。众所周知,刘备是汉末军阀中流动性很大的一支,一直没有稳固的地盘,但手下有一批心甘情愿为他卖命的兄弟,比如关、张、赵等人,刘备与他们同吃同住,亲如手足。所以,虽然刘备前半生颠沛流离,但是他的团队却异常稳定。到达荆州后,又得到了一定的发展,吸纳了诸葛亮这样的谋臣,又有了自己的水军。所以,这类人对于刘备,肯定是无条件服从。刘备南走江陵,他们毫无疑问会跟随他、保护他。

第二类人是刘备一行经过襄阳时加入行列的,他们原先是刘表、刘琮的手下,不愿投降曹操,于是跟随刘备去江陵。这类人追随刘备的原因大致有三:

首先，原先刘表治下的荆州，相对于战火纷飞、灾疫频仍的中原来说，是一片持久和平的乐土，所以很多中原士人都来到荆州避难，其中就包括来自山东琅琊的诸葛家族。而当初刘表接任荆州牧时，势单力孤，要统治幅员辽阔的荆州，就必须与当地豪强联合。所以在刘表治下，荆州土豪蔡氏、蒯氏非常得势，从中原来到荆州避难的士大夫受到压制，他们对自己的地位十分不满。

另外，荆州土豪一直十分亲曹。早在官渡之战时，韩嵩、蒯越等人就劝刘表归附曹操，刘表狐疑不决，派韩嵩前往许都观望虚实，结果韩嵩被曹操授予侍中、零陵太守之职。韩嵩回荆州后，盛赞曹操的威德，险些被刘表杀死。所以，当荆州土豪裹挟幼主刘琮投降曹操时，激发了许多来自中原士大夫的不满情绪，当得知刘备将要前往江陵时，便果断弃刘琮、随刘备。

其次，追随刘备的士大夫中，有相当一部分人秉持汉室正统，认为曹操挟天子以令诸侯，是窃国大盗。他们当初归附荆州，就是看中刘表是汉室宗亲。所以，刘琮及荆州土豪降曹，他们是非常反对的，他们宁愿追随同样具有汉室宗亲身份的刘备。

再次，刘表是儒生出身，缺少乱世枭雄所应具备的雄心和胆略。史书上说，刘表"虽外貌儒雅，而心多疑忌"，刘表对于那些自己难以驾驭、有定乱之才的"豪杰"，一向多有猜忌。所以，这些荆州豪杰十分盼望雄主，当建安六年（201），刘备南下归附刘表后，荆州豪杰便对刘备寄予厚望，都想去投奔。但是没过多久，刘备就遭到刘表严密监视，不方便发展自己的势力。

当刘表去世、刘琮决定降曹之时，荆州上下一派树倒猢狲散的架势，这些人就趁机脱离刘琮，前往追随刘备。

第三类人是荆州的老百姓，这部分人追随刘备的原因非常耐人寻味。这些百姓有相当一部分是南阳郡的居民。南阳郡是荆州七郡中最靠北的一郡，治所在宛城（今南阳），新野、樊城等地都在其境内。南阳郡距离许都很近，曹军与荆州军队在南阳郡有过多次交锋。

建安元年（196），西北军阀张济进攻南阳，战败身死，他的侄子张绣被刘表收留，刘表安排他驻屯宛城，防御北方军阀。次年，张绣与曹操爆发了著名的宛城之战，张绣袭杀曹操长子曹昂、侄子曹安民、爱将典韦，将曹军逐出南阳。可是到建安五年（200），张绣接受了谋士贾诩的建议，向曹操投降。但宛城以南的新野、樊城等地仍属于刘表的地盘，南阳郡仍是曹刘对峙的局面。

所以，南阳郡的百姓对于曹军是十分熟悉的。曹操在统一北方的过程中，有过多次屠城的经历，比如曹操为报父仇，曾经在徐州屠杀平民数十万，"泗水为之不流"。史书记载："曹操攻屠邺城，袁氏妇子多见侵略。"邺城城破之后，连袁家的女眷都难以自保贞节。曹军的军纪由此可见一斑。

曹军多次征战过南阳郡，对于曹军的暴虐，南阳郡的百姓想必早有领教。况且，曹操的长子、侄子、爱将都在这里殒命，难保曹军不再次实行报复性屠杀。所以，追随刘备的百姓，可能大部分是为了躲避曹军。

其次，刘备出身底层，对于民间疾苦十分了解。所以刘备历来很得民心，这也是百姓们愿意追随他的重要原因。

另外，在乱世中，百姓是十分重要的资源，曹操在许都搞屯田，一个很重要的目的是招徕流民，百姓越多，地盘就越稳固。所以当曹军来袭时，不排除刘备派兵烧毁城池、强行挟持百姓跟他走的可能性。

但无论如何，刘备在南逃的关键时刻，没有选择抛弃百姓和士人，这充分体现了他的仁君胸怀。对此，东晋史学家习凿齿这样评论道："先主虽颠沛险难而信义愈明，势逼事危而言不失道。追景升（刘表）之顾，则情感三军；恋赴义之士，则甘与同败。观其所以结物情者，岂徒投醪抚寒含蓼问疾而已哉！其终济大业，不亦宜乎！"

荀彧的悲歌

纵观荀彧一生,佐魏以救时,殉汉以明道。

三国心灵史

曹公的意思是,
这小盒子……

我的面前,
是曹操派人送来的
一只空盒子。
我知道,
我是时候离场了。

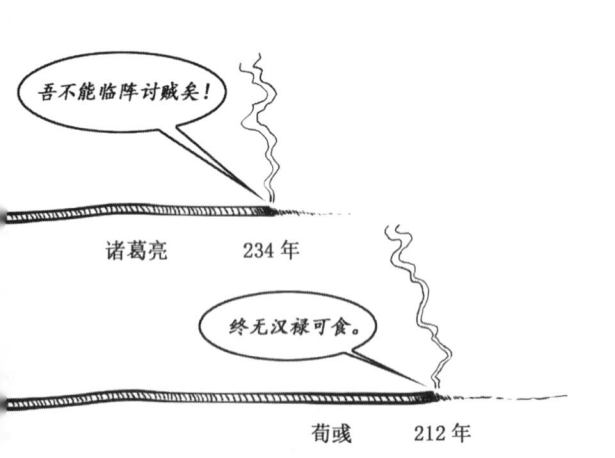

吾不能临阵讨贼矣!

诸葛亮　　234 年

终无汉禄可食。

荀彧　　212 年

在后世人看来,
诸葛亮星落五丈原是那么动人心魄,
而很少有人关注我不着声色的离场。
建安十七年(212),
我随曹操劳军,
却因病滞留寿春(今安徽寿县),
即将走到生命的尽头。

我喜欢不着声色的离场方式,
因为总会有一个不经意的瞬间,
会以情感返场的方式归来。
在后世岁月里,
这个瞬间定格在范晔将我编进
《后汉书》"列传"中的那一刻。

虽说曹魏立国,荀彧功劳最大……

范晔

但我还是认为荀彧是汉臣。

你们觉得呢？

嘻嘻……

少有仪容,才略过人。

荀彧

循着范晔的笔触,
你会发现,
出身于颍川
（治所在今河南禹州）
士族的我——

虽说如此,
但因第二次党锢之祸的牵连,
直到永汉元年（189），
26 岁的我才被颍川太守
举为孝廉,
担任守宫令（中央公务员）,
负责打理献帝的笔墨。

永汉是献帝的一个年号。
永汉元年（189）九月到十二月,
我的六叔荀爽迫于董卓的压力出仕,
短短 93 天内
从一介布衣升到了司空。
是以，我出仕也是董卓的意思。
不过董卓这人嘛,
有点让人一言难尽……

荀彧：信念的追求

鉴于董卓倒行逆施，
我弃官回到了故里，
劝说乡里父老迁徙。
可大家留恋故土，
只有同宗的人愿意随我北上，
投奔冀州牧韩馥。

> 君问归期未有期,
> 红烧茄子黄焖鸡……

荀彧

小美之墓

小王之墓

小李之墓

不久,董卓派部下出关东,
所到之处大肆掳掠,
颍川也惨遭兵祸。
留在故土的乡亲十有八九
遭到杀掠,
这件事对我的刺激很大。

> 小李、小王、小美,
> 你们走好……

> 我会努力……

争取给活着的人一个太平的天下

像我的字"文若"一样,
我不过是一个文弱的士。
要实现安定天下的目标,
就一定要找到一个有执行力的
合伙人。

> 你这辈子……
> 有没有为谁拼……

荀彧

多多过?

可惜第一次选择
很被动。
当我领着族人
来到冀州时,
冀州的主人
已经换成了袁绍。
袁绍以上宾之礼待我,
但我很快就发现,
他并非志同道合之士。

袁绍被三连

性格有缺陷:外宽内忌,多谋寡断,难成大事。

不忠贞:意图抛弃献帝,另立新君,以便于驾驭。

无担当:不肯去和董卓的军队交锋,迁延日月,保存实力。

茫茫群雄，吾谁与归？

初平二年（191），
我留下弟弟荀谌辅佐袁绍，
自己则带着宗族南下
投奔更为弱小的曹操。

假笑老男孩·曹操

虽然弱小，
但还是要
微笑着
活下去啊。

当时,
曹操驻在兖州东郡
(今河南濮阳),
任奋武将军。
身为宦官之后的曹操,
看到我们颍川荀氏来投奔,
开心得要命,
命我为司马(二把手)。
那年,
我才29岁。

来了小老弟!

你瞧,我这里是
仓也空廪也空,
但只要人才不空,
我就是最后的赢家!

曹操

荀彧

文若你长得帅,性格好,三观正……

关键是说话投缘,
很多见解都能感同身受!
真是吾之子房也!

子房……
这不是张良的字么……

或许有人会问,
为什么会选择曹操?
因为关东联军在盟主袁绍的
带领下纷纷隔岸观火,
只有曹操不顾安危,
孤身与董卓作战。
这表明他确实想安定天下。

曹公这是把自己比喻成太祖吗……
我怀疑他有异心,
然而并没有证据……

与曹操联手，
可以说是天作之合。
曹操有澄清之志，
我有王佐之才。
曹操将我比作张良或许是
初见的客套话，
但接下来发生的事，
却不断证明他所言非虚……

来啊，董卓，who怕who？！

三国古祸仔之曹操雄起

【第一件事： 算出董卓之死】

> 老董临死之前可真有意思,
> 当时他吓得瘫坐在地上
> 问我需不需要考虑一下,
> 还说要请我吃煲仔饭。
>
> 我认真地考虑了一下,
> 我不喜欢吃煲仔饭,
> 然后把他杀了。

吕布

> 咱俩以后不用担心了。

> 放屁!
> 狗才瘫坐在地上!
> 我死之前在痛骂你啊!

当时董卓威陵天下,
曹操问计于我,
我认为董卓残暴超出常理,
推断他一定会因祸乱亡。
不久, 董卓被吕布斩杀。

【第二件事： 帮曹操守住鄄城】

兴平元年（194）,
曹操刚得兖州不久,
代理了兖州牧, 倾巢而出,
去征讨徐州陶谦,
结果被吕布等人端了老巢,
幸亏我守住了三座城池。

> 拜托, 你很弱耶!

吕布

荀彧

鄄城

【第三件事：帮曹操平定兖州】

次年，徐州牧陶谦死了，
曹操想先去夺取徐州。
我认为这样会进退失据，
便建言曹操效仿高祖、光武
建立根据地，
先赶跑吕布、巩固兖州再说。

【第四件事：促成了曹操迎汉献帝】

建安元年(196)七月，
汉献帝从长安返回洛阳。
毛玠建议迎献帝迁都许县，
有人认为不可，
但我全力推动
"奉天子以令不臣"的战略。

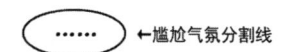

奉主上以从人望，大顺也；
秉至公以服雄杰，大略也；
扶弘义以致英俊，大德也。

文若言之有理。

WOW!Awesome！
你们说得好棒！
就是我听不太懂……

曹操　　　　　荀彧

意思就是说，
我们老大这么做，
能 to be No.1。

吼！
我再问一句，
不是
"挟天子以令诸侯吗？"

……　←尴尬气氛分割线

这句话是
别人说的！

都许昌的那一刻,
献帝、曹操和我,
似乎都有了一个光明的未来。
献帝不再颠沛流离,
曹操得封大将军,
我也升为献帝的侍中,代理尚书令。
从此我不再是曹操的部属,
我是汉臣。

荀彧 曹操 汉献帝

大汉三巨头

【第五件事:为曹操举荐诸多人才】

萧何月下追韩信,
成就了一段荐才佳话。
而我则为曹操举荐了
更多的人才,
有戏志才、郭嘉、陈群、
杜畿、司马懿等名士。

司马懿

招到我,
你绝对不会后悔的!

我保证!

【第六件事：决策官渡之战】

曹操迎奉汉献帝后，
引起了袁绍的不满。
当时袁绍雄居冀州，
兵多将广，
在双方实力悬殊的情况下，
我力挺曹操抗击袁绍。

孔融：袁绍地广兵强，文有田丰、许攸、审配，武有颜良、文丑，恐怕很难战胜哩！

荀彧：呵呵！许攸贪婪，审配专权，如果许攸家人犯了法，审配一定不会放过，许攸必然叛变。

孔融：好哩！那么颜良、文丑呢？

荀彧：哩？你懂个梨！他们不过匹夫之勇罢了，可以一战而擒！让其猛虎落泪！

188

一切都如我所料，
许攸家人真的犯法了，
又凑巧被审配抓了，
为此许攸怒而投奔曹操，
献计偷袭乌巢。
乌巢之战是击溃袁绍的
关键性一役。

从初见曹操，
到帮曹操战胜
强劲的对手袁绍，
我们珠联璧合，相得益彰。
这个蜜月期在建安八年(203)
达到巅峰，
曹操上表请封我为万岁亭侯。

荀彧：信念的追求

人生若只如初见，
何事秋风悲画扇。
建安十一年（206），
我第一次感受到曹操的寒意。
他一口气除掉汉宗室八国，
"除八国者，渐以弱汉宗室也"。

东汉八王泪流满面图

（平原王8、甘陵王、常山王、7、6、5、4、3、2、1、下邳王、阜陵王、北海王、齐王）

"成年人的世界，哪有容易二字。"
"有的，容易挂！"

两年后的正月，
曹操感到司空权力过小，
又罢三公官，复设丞相。
六月，曹操出任丞相。
曹操大权独揽的野心，
让我不得不忧虑。

曹操

以前，我很害怕变成一个沉迷于权力之中的人。

但是我克服了这个恐惧……

心安理得地沉迷在权力之中。

于是我作诗一首：
老骥伏枥，志在千里；
烈士暮年，壮心不已。

两个月后,
又发生了一件大事,
孔融死于非罪。
孔融是我的好友,
他心系汉室,
却被曹操
借不孝的罪名夷族。
谗邪害忠贞,
浮云翳白日。

覆巢之下……

焉有完卵

建安十三年（208），
曹操南征东吴，在赤壁
展开鏖战。
结局大家都知道，
三分的格局初具雏形，
我有生之年是看不到
天下一统了。

曹操应该也是这么想的。
接下来他会把重心放在内部，
布局权力传承，
让曹氏后裔去完成这个未竟之志，
而传承权力的第一步是封公封王。

权力传承步骤示意图

曹操 → 封王 → 世袭 → 曹丕/曹植 → 统一完成

或许是我想多了,
两年后,
曹操发布《述志令》,
澄清自己并无篡汉的野心。
这篇苍劲有力、气势雄伟的令文,
让我不禁想起了
那些让人心生怀念的光景。

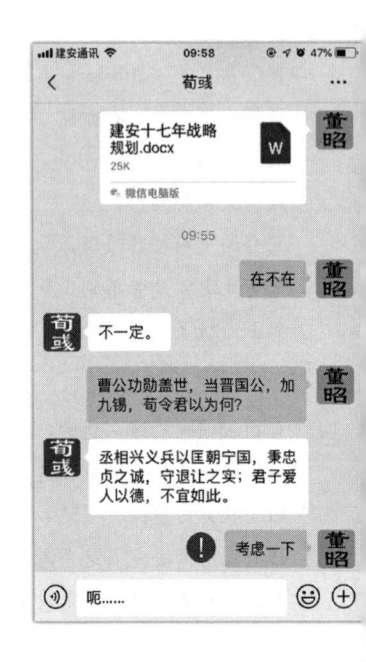

荀彧

唉,
和谐相处的光景,
已经一去不复返了。

可惜,
曹操还是走到了那一步。
建安十七年(212),
在曹操暗中授意下,
董昭提议曹操晋爵国公,
加九锡。
我明确表示反对。

建安十七年战略规划.docx
25K
微信电脑版
09:55

董昭:在不在

荀彧:不一定。

董昭:曹公功勋盖世,当晋国公,加九锡,荀令君以为何?

荀彧:丞相兴义兵以匡朝宁国,秉忠贞之诚,守退让之实;君子爱人以德,不宜如此。

董昭:考虑一下

呃……

曹操对我的表态很不满,
趁征孙权之际
上表请派我到谯县
(今安徽亳州)劳军,
并擅自留下我,
让我帮他参谋军事。
我明白,
我要在曹操和献帝之间
做一个选择了。

曹公的意思是，这小盒子……

是我永远的家？

这在曹操看来或许是固执，但我却有一种庄严感。
看着曹操遣人送来的空盒子，我举起早已备好的酒杯，选择活在自己的信念里。

出仕廿四年，终无汉禄可食。

小芙，我来了。

读者有话说

Mr. 才

很多人把荀彧和诸葛亮比较，而大多认为后者更为了不起，很少有人注意到"王佐之才"的荀彧，认为荀彧区区一个文官怎能与文武全才的诸葛相比。同为匡扶汉室，一个选择正室刘协，一个选择平民刘备，一个想扶大厦之将倾，一个想易主换元，究竟哪个更忠贞？曹魏得天下有一半功劳在荀彧，他想让曹操成周公美名，但曹操与周公不同，周公旦也是文王的儿子，刘协得势必不会放过曹操！曹操那么聪明不会想不到，狡兔死、良狗烹的道理他应该懂。司马孚也是自居魏臣，但高平陵之变却帮着司马家，这与荀彧又形成了鲜明对比。在大是大非面前，荀彧选择了坚持本心。另说光武帝得天下也是击败同族刘玄之后的，天下本就是有德者居之，无论哪个朝代对人民好就够了，祝天朝万世永享。相比汉朝的无疾而终，多少有些令人悲哀，可能荀彧就是过不去这个坎吧。

醉墨の青染

论平定天下，臣尚可与明公并肩；但论加封九锡，恕臣不能与大王同行了。

荀彧今日，终无汉禄可食矣。一世汉臣，终入魏书。

秦韵汉风

史官，你恐怕还漏了一点。除了曹操随着功业渐成越来越大的野心，还有荀彧的政治立场。颍川荀家是荀子的后人，是当时支撑起汉室的世家的代表之一，至少世家是这么认为的。曹操的政治立场之一就是绝不和世家妥协，最多阳奉阴违，虚与委蛇。他杀边让就让陈宫向吕。后来杀崔琰、杀孔融，更是把自己的立场暴露无遗。荀彧在汉室世家和曹操中间夹着，或许早早结束自己才是最好的选择了吧。只可惜了他的王佐之才。

Mr.W

孟德有澄清宇内之志，文若有纬地经天之才。周公恐惧流言日，王莽谦恭未篡时。曹阿瞒终究还是没有走上王莽的最后一步，汉室倾颓，非操一人之力，始于桓灵也。荀令君何苦执念！刘寄奴延续晋祚二十年，最终不也逼迫司马德文禅位。历史的必然，无可奈何。

扬

文若死于落地成盒。他才是真正的身在曹营心在汉，只可惜与曹操从最初的志同道合慢慢变得形同陌路，这也是创业合伙人都会面临的困境。相比起来，侄子荀攸是一心向魏。文若可说真正得当国士无双。

LEO LEE

荀彧为什么选择曹操？就问除了曹操，当时那么多军阀有靠谱的吗？孙权离得太远而且明显有独立倾向；其他的如袁术、公孙瓒、马腾等军阀，谁像曹操一样能恭迎汉献帝？唯一可能靠谱的刘皇叔，经常寄人篱下，朝夕不保，靠他不是找死？所以要复兴汉朝，只能靠曹操。至于后续曹操一步一步露出野心，这不是荀彧能控制的。面对虎视眈眈的各路军阀，不和曹操合作，如何能一步一步恢复汉朝天下？只有等恢复了天下后再慢慢谈权力的问题。谈不拢也没办法，起码努力过了。后来荀彧的死，就是谈不拢的结果。

编后语

荀彧是曹操统一北方的首席谋臣和功臣，但曹魏政权建立后，却将荀彧排除出魏臣之列，直到咸熙二年（265），末代皇帝魏元帝曹奂才追赠荀彧为太尉，这应该是司马炎的旨意。在曹魏政权看来，荀彧是"汉臣"，这与曹魏一朝的史籍未将荀彧列为"魏臣"是一致的。

魏晋交替之际的政治局势促使这一观念发生了第一次转变。西晋史官陈寿列《荀彧传》于《三国志》卷十，以荀彧为曹魏开国文臣诸传之首，以史官的直书精神正视荀彧的历史功绩。

晋宋禅代之际又发生了第二次转变。南朝宋范晔列《荀彧传》于《后汉书》卷七十，与郑泰、孔融同卷。南朝宋裴松之在为《三国志·荀彧传》赞语所作的注中，强调荀彧的功业对于汉朝的意义，所谓"苍生蒙舟航之接，刘宗延二纪之祚"是"荀生之本图，仁恕之远致"，裴松之看到了荀彧辅佐曹操平定天下对于"苍生"的意义和延续汉室二十余年的事实。

范晔、裴松之对荀彧身份归属的处理方式，与时局有一定关联。《宋书》卷二《武帝本纪中》载晋帝禅位之事：

诏草既成，送呈天子使之，天子即便操笔，谓左右曰："桓玄之时，天命已改，重为刘公所延，将二十载。今日之事，本所甘心。"

范晔、裴松之的逻辑是，如果不是荀彧，汉室二十年前就亡了，同理，如果不是刘裕，东晋二十年前也亡了，延续晋运二十年的功业，也就成了出身较低的刘裕代晋的重要依据。问题来了，为什么东晋的士大夫褒扬荀彧忠于汉室，却并不要求刘裕忠于晋室？因为他们压根儿不在乎谁做皇帝，只要你能抵抗北方"胡族"政权，存华夏衣冠就行（详见周一良《东晋以后政权禅代之特征》）。

从曹魏到两晋再到南朝宋，在史家笔下，荀彧的身份归属依次是汉臣、魏臣、汉臣。尽管曹魏和南朝宋都将荀彧视为汉臣，但两者的侧重点完全不同：曹魏认为荀彧阻碍曹操封公，所以不是魏臣；南朝宋则认为荀彧延续汉祚20余年，对汉室有大功。

在南朝以后一千多年的历史场合中，荀彧"魏臣"与"汉臣"的身份仍旧是讨论的核心，与魏晋南朝宋之间两百年所不同的是，时讳色彩渐淡，论者的道德观渐浓。后世所论而持异见者，当属南宋的两位学人朱熹与陈亮。

南宋孝宗淳熙十一、十二年间，朱熹在一封书信中对荀彧进行了评判："考其议论本末，未见其有扶汉之心也，其死亦何足悲？"

又指出荀彧是大宦官唐衡的女婿："则彧之失其本心久矣。"此外，朱熹还把荀彧比作刘穆之、宋齐丘一类的人物。刘穆之先是辅佐刘裕篡位，建立刘宋政权，后因在刘裕集团内部权力斗争中失宠而"以忧卒"；宋齐丘先是辅佐徐知诰（唐烈祖）篡位建立南唐，后因在南唐内部的权力斗争中失势而隐居不出。

在朱熹看来，荀彧最大的过错在于其动机不纯，"未见其有扶汉之心也"。汉室代表了君道，而曹操则是乱臣贼子的典型，荀彧追随曹操二十多年，目睹汉帝权威每况愈下,他对曹操的篡夺之心不可能毫无察觉,荀彧最后的"以忧卒"完全是咎由自取。

早在淳熙二年(1175)完成的《三国系年》中,陈亮就称赞荀彧"明于天下之大势而通古今之变"。陈亮认为,东汉末期,汉室已经无法保持国家安定,而唯一能够实现黄河流域安定、结束军阀混战局面、减轻人民痛苦的力量就是曹操集团。荀彧既有能力去辅佐曹操实现抱负,此之谓"智";又能够以君臣大义阻止曹操篡位,此之谓"仁义忠信",这样的人难道不是士吗?

朱熹与陈亮的分歧,反映了程朱理学与浙学在体用关系上的分野。鉴于理学长于义理拙于考据,朱熹所论又有为时所用的因素,我们还得从荀彧的生平经历来考察其对汉室的复杂情感。

荀彧出身颍川荀氏,其祖父荀淑知名当世,号为神君。荀淑有八子,号称八龙,其中排行第六的荀爽尤有"荀氏八龙,慈明无双"之评。荀彧的父亲荀绲排行第二,曾任济南相。荀彧年轻时娶中常侍唐衡的女儿为妻,不过荀彧和唐氏完婚时,老丈人唐衡已经去世十几年了,所以很难判断结亲之举是否意味着颍川荀氏是在向宦官势力示好,毕竟荀彧的六叔荀爽因为党锢之祸逃亡了十几年。

荀爽是当时名士,据《后汉书》记载,其著作多达百余篇,至今已残缺不全。所幸,唐人李鼎祚《周易集解》辑录了荀爽的《易注》,我们可以通过荀爽的《易注》来一窥他的君臣伦理。

荀爽无道则隐的思想,有别于后世(明清时期)那种绝对忠君的理念。荀彧从小耳目濡染,受到了不小影响。是以在董卓倒行逆施之际,荀彧选择了抽身而退。那时的他,虽然先后担任了守宫令和亢父县令,但很难说对献帝有多少感情。

汉末的君臣关系比较特殊,有点像春秋的君臣关系,即"二重君主关系"(详见钱穆《国史大纲》)。汉帝为第一重君主,汉帝与普天下臣民的关系便是第一层君臣关系；辟主（府主）为第二重君主，与所征辟士人的关系则是第二层君臣关系。后来刘备顶着徐州牧的头衔征辟了诸葛亮，对于诸葛亮来说，刘备就是他的主公，他要优先忠于刘备。按照这个逻辑，荀彧最初出仕是因为董卓，他并没有忠于献帝的义务，因为他的恩主是董卓。

那么，荀彧忠于献帝的转变是在什么时候？

何兹全先生在《读〈三国志〉札记：荀彧之死》一文中写道：

> 建安元年（196），曹操迎献帝都许，推荀彧为"汉侍中，守尚书令"。从荀彧的性格和文化修养看，荀彧没有必要忠于汉室的旧框框；从曹操和荀彧的关系看，也看不出曹操有害死荀彧的心。悲剧就出在曹操要荀彧做汉帝的侍中、守尚书令，把荀彧放在必须忠于汉帝的位置上。荀彧不做汉官，不必为汉尽忠，做了汉官，就必须忠于汉帝了。

何兹全先生这一段论述非常有见地，也为我们揭示了一个更为立体、复杂的荀彧形象。纵观荀彧一生，佐魏以救时，殉汉以明道。救时之念或因家族的颠沛流离和乡邑亲邻的惨遭兵祸而触发，殉汉之举则缘于当时的君臣伦理和他自身对士之信念的追求。

尽管荀彧的死况比较隐讳，但曹植还是不吝赞美荀彧"如冰之清，如玉之絜，法而不威，和而不亵"。在曹植心中，荀彧有士的理想品质。苏轼也忍不住赞美说："吾尝以文若为圣人之徒者，以其才似张子房而道似伯夷也。"

荀令留香，君子如彧。

孙策的时间

"我就是我,是颜色不一样的烟火。"不少人拿来形容自己,其实孙策才最适合。孙策26岁离世,生平却如此独一无二。

才36岁,太可怜了!

嗯呐!

自古天才都活不过36!

嘿!

千年以后,
你们每每说到
"英年早逝",
都会想起我的好兄弟——
周瑜。

你们说,他英俊倜傥,
还才华卓绝,
你们说,他英雄年少,
却天妒英才。

公瑾一生只有36年,
引来了多少长吁短叹。

天才?是在说我吗?

但如果你们盘一盘
时间线,
就会发现一个
令人惊异的事实,
那就是——
论"英年早逝",
我"江东小霸王"孙策
还没怕过谁,
因为我的一生比周瑜还短,
只有区区 25 年!

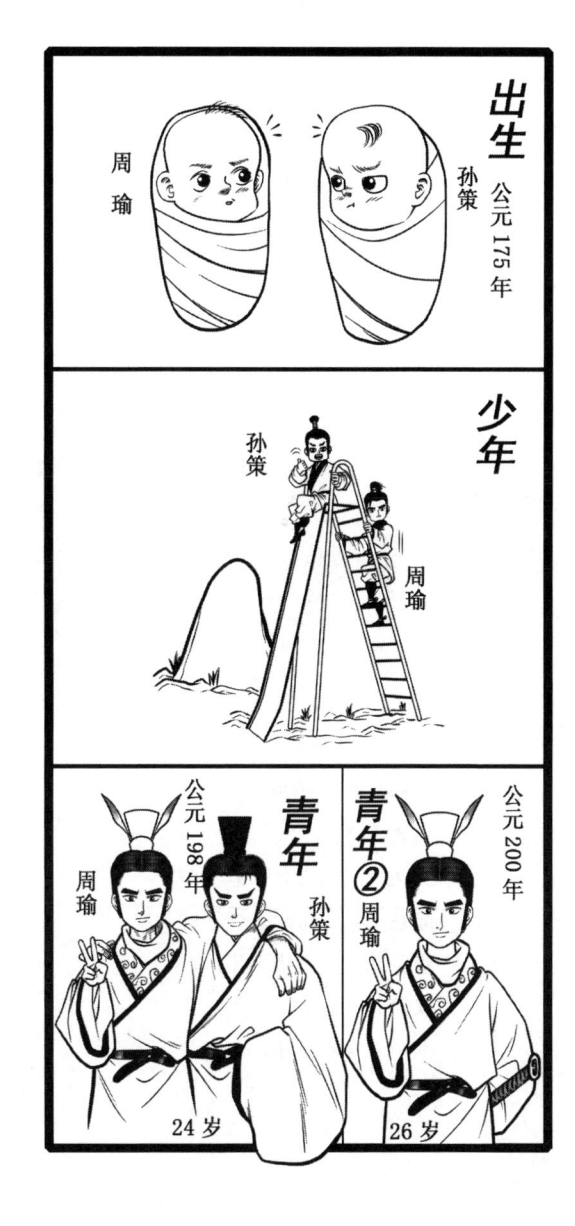

出生 公元 175 年
周瑜 孙策

少年
孙策 周瑜

青年 公元 198 年
周瑜 孙策
24 岁

青年② 公元 200 年
周瑜 孙策
26 岁

七年时间能干什么？
对于很多人来讲，
也许只来得及读完本科和硕士，
或者刚刚完成职场上的
第一次升职加薪。

26岁秃顶的你，
薪满意足

别人是七年之痒，
我是……

然而从我孙策19岁
正式出道，
到26岁（虚岁）与世长辞，
短短七年时间，
堪称江东的燃情岁月。
我的时间密度，
和别人都不一样。

七年之死！

孙策的时间

175年，一个婴儿呱呱坠地，
据后来的民间传说记载，
我出生前，母亲梦见了月亮，
所以我生而不凡。
要我说，大部分都是瞎编，
但有一件事没说错——
我的确天生就是当统领的料。

不要你觉得，我要我觉得。
听我的 听我的 听我的
都听我的
这个事情不需要讨论
我说了算
你别干了
你被开除了

孙策

江东小报

今日热搜：

TOP1.	小鲜肉孙策新发型
TOP2.	孙策的初恋
TOP3.	孙策热搜被传造假
4.	何进被杀
5.	宦官被诛

早在少年时代，
我的名声便已响彻寿春县。

我身材壮硕，面容俊美，
衣品超高，
不仅吸引了无数迷妹的目光，
还凭着幽默豁达广交朋友，
成为男孩纸里面的领头羊。

因为我的存在，
寿春甚至成了旅游打卡地，
不少人慕名而来，
不为风景，
只为拜访我孙郎。

其中，
一个同龄人引起了我的注意。
同样俊美的样貌，
同样明亮的眼光，
是他，就是他，
我一生的挚友周公瑾。
我们不禁……

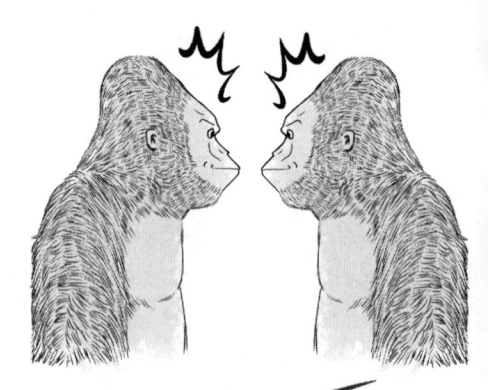

~~猩猩相惜~~

惺惺相惜

周瑜　孙策

从那以后,
我与周瑜便成了莫逆之交,
世人还给我们组合起了一个名字——
"总角之交"。

我们关系有多好?
升堂拜母还不够,
我甚至搬去了周瑜家所在的舒县,
每日与周瑜谈论胸中壮志与
天下大局。

> 这个大别墅是给大哥的见面礼。

> 有心了,拆字一喷,喜提大奔。

周瑜　孙策

与此同时,
孙氏正在父亲孙坚的带领下
慢慢壮大。

在我十岁的时候,
父亲扑灭了黄巾军起义;
在我十七岁那年,
父亲率兵大破董卓。

可正当我以为自己能和别人一样,
肆意年少轻狂的时候,
一个噩耗传来了。

江东小报

今日热搜:

TOP1. 黄祖射杀孙坚
TOP2. 孙策流泪也帅
TOP3. 孙坚接班人
4. 刘表笑了
5. 袁术摔坏10个杯子

黄祖。

记仇

从那一刻起，
我的心里多了两个词。
一个是亲手
射杀了我父亲的"黄祖"。

另一个词是"孙氏"。
从今往后，
我孙策就是孙氏的顶梁柱。
在守孝两年后，
我开始着手重拾父亲的基业。
那一年，我19岁。

孙策

这是对你的考验！

袁术

在这个群雄并起的时代，
想振兴孙氏，谈何容易？

袁术收了我父亲的兵马，
不肯交给我带领。
我只好带着母亲迁入曲阿，
靠着舅父——丹阳太守吴景，
终于招募到了区区几百人。
这，就是我的第一批将士。

不过，
这么点困难怎么会让我垮掉？
年岁尚轻何妨？
将士几百人又何妨？

在我十九岁到二十二岁的
三年时间里，
别人只来得及备战高考，
而我却用来做了三件
轰轰烈烈的大事。

哪三件大事？

早饭吃什么？
午饭吃什么？
晚饭吃什么？

【一、整顿军务】

你没听错,
虽然一开始只有几百人,
但是我带着他们拿下了
有生以来第一个NPC——
山贼祖郎。

以德服人

回去投奔袁术后,
袁术又给了我一千旧部。
我仅用了不到一年时间,
便让军队纪律严明,
人人诚服,
就连袁术都为我的能力惊艳。

竟然这么能打……

【二、横渡长江】

其实人家超凶的啦!

当时刘繇占据曲阿,
唯恐袁术与我舅父吴景
合谋吞并他,
于是逼迫舅父退到历阳,
双方对峙,日益激烈。

我听从了父亲旧部
朱治的劝说,
决定趁机渡江。
袁术虽然嘴上答应了,
但只配给了我一千将士
和几十匹马。

坑爹呢这是!

孙策

叭!

【三、最重要的——创业江东!】

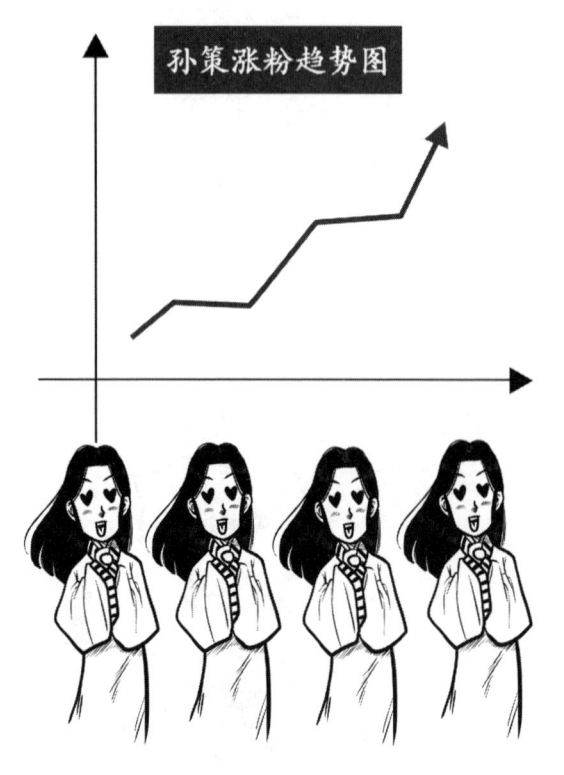

孙策涨粉趋势图

孙策小迷妹

大家都说我豁达幽默,
善于用人,很能听取意见,
早在出发前,
袁术的宾客就有几百人
主动请愿跟随我。

一路上不断有人主动
投入我的麾下,
再加上周瑜兄弟
送船送兵又送粮,
我的军队迅速壮大。
横渡长江后,受到了
江东父老的热烈欢迎,
一路势如破竹,
无人敢挡。

孙策的时间

你可真是宝藏男孩啊!

欸?宝藏男孩?是在说我吗?

曹操

汉献帝

短短一年时间,
我退刘繇,拿吴郡,定会稽,
平定了江东不少郡县,
并派遣亲信驻守在各地。

至此,
孙氏拥有了摆脱
袁术掌控的能力,
这一年,我22岁。

年纪轻轻便平定江东的我,
让群雄刮目相看。
我年轻,势头正猛,能打敢杀,
但也正因我年轻,
不懂得人心诡谲,
心中满是骄傲。
不少人暗自将我当成了对手,
那些阴谋在暗中展开的时候,
我还只顾着升职加薪。

嗅到了阴谋的味道

事情是这样的。
23岁那年,我与袁术决裂。
不久,
曹操任命我当骑都尉,
与吕布、陈瑀一起讨伐袁术。

但当我行至钱塘,
打算和他们碰头的时候,
得知了一个消息:
陈瑀这厮居然想趁我大军开拔,
攻占我江东郡县!

陈瑀
@祖郎 @焦己 在?我三十多个印信已经送出去了,等孙策大军一走咱们就开干。

陈瑀
我×!发错群了!

吴景
哦嚯~

孙策
哦嚯 我看到了~

辛亏我率军到钱塘的时候
便发现了端倪,
我怒不可遏,
派人直奔海西,
大破陈瑀。

接着,我派兵讨伐袁术,
平定了宣城以东,
再亲自率兵拿下了丹阳。

我命由我不由天!

大外甥又要上热搜了……

> 兄弟，这片拆迁豪宅全都送给你！

孙策　**周瑜**

在 24 岁这一年，
两件喜事使我胸怀大畅。

第一件，是我的好友周瑜来了。
他与新结识的鲁肃认定袁术难成大器，
毅然弃官渡江投奔我。

我实在太高兴了，亲自迎接周瑜，
让他担任建伟中郎将，
还赠予兵马乐队，宅院财帛，
赏赐之重，军中无人能比。

猴？

"公侯伯子男"的侯！

第二件喜事，
是我的官职又升了。
这一年形势大好，
我的贡品是去年的两倍，
朝廷一个高兴，
任命我当了讨逆将军，
还封了一个爵位——吴侯。
没错，在如今的你们
大学毕业的年纪，
我已经是个侯了。

事业大好

伯符　乔

美人在怀

但我人生真正的高光时刻，
是最后两年。
概括起来就是——

> 孙策你可真是宝藏男孩啊!

刘勋

见信如见策

24K

在我25岁时,
被我们逼入困境的袁术
得病而死,
袁术的堂弟袁胤
带袁术一家老小和军队,
投奔皖城刘勋。
多了这么多张嘴,
刘勋的粮食明显不够吃,
他去找上缭城借粮,
所获远远不够。
就在此时,
我写了一封言辞谦卑的信,
还送去了大量珠宝。

我这么一套操作下来,
刘勋的心蠢蠢欲动。
但是,这都是我的计谋。
刘勋这厮我看不顺眼很久了,
他前脚刚出发攻打上缭,
我后脚就派周瑜突袭皖城。
顺利拿下皖城后,
我终于将目光投向了那个人。

孙策

德

??? 侬要做肾膜?

黄祖

要拿下黄祖,
谈何容易?
他奸诈狡猾,
又有刘表派来的
五千长矛队助阵。
我亲率周瑜、
吕范、程普等
众猛将同时进击,
场面之壮观,
堪比特效大片。

江东复仇天团

这一仗我们大获全胜,
全灭了刘表的援军。
跳水溺死者上万,
缴获船只六千余艘,
财物堆积如山,
还擒获了黄祖妻小和军队。

竟抛弃我们!
渣男死全家!

黄祖妻子

黄祖儿子

娘,你快别说了!
全家不也包括我们吗?

孙策的时间

啪！ 孙权

哦嚯，完蛋。

可惜黄祖本人已经
只身逃走，
五年后，
他死在了我弟弟
孙权的讨伐中。

大败黄祖后，
我迅速东进豫章，
豫章太守华歆自知不敌，
开城投降。

自此，
在我的努力下，
孙氏终于一统江东，
我成了汉末诸侯中
最年轻的一位。

大汉 TF BOYS

刘备
40 岁草鞋狂魔
初次创业失败 ing

曹操
46 岁全村的希望
曹魏领导人

孙策
26 岁江东陈浩南
东吴领导人

> TF BOYS?
> 脱发男孩?

曹操与袁绍作龙虎斗,
我又何尝不想问鼎天下?
我暗中筹备部署,
盘算先取陈登,后进许都,
一旦成功,
我便可迎汉献帝,代曹阿瞒。

> 什么脱发男孩,
> 是腾飞男子!

可谁知,
这一切图谋,
都因为我的一个
刀下亡魂而成了一场空。
这个人叫许贡。

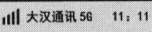

胖友圈

许贡
孙策和项羽画风很像,要是放任在外面,很可能搞事情!@汉献帝

11分钟前

汉献帝:@曹操
曹操:@孙策
孙策:哦嚯。

> 吾弟啊,
> 孙氏事业,还有杀父之仇,
> 就交给你了。

许贡被我杀死后,
他的小儿子和门客出逃在外,
趁我单独打猎的时候,
许贡门客突然放出一支冷箭。
虽然刺客马上就被赶来的
手下杀死,
但我也受了重伤。
当夜,
我叫来弟弟孙权,
亲自将绶印给他系上。

我知道,
我的时间快用完了。
在意识逐渐模糊的时候,
一生在我眼前
如走马灯般飞速掠过。

有人说,
我这一生所图太大,
不知收敛。
但无论是谁,都无法否认,
我短短一生,
比绝大多数人都活得精彩。

孙策

我觉得还 ok

东吴基金走势图

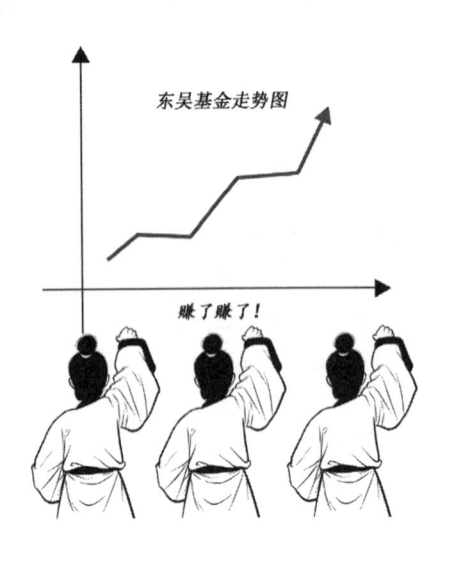

赚了赚了！

在军事上，我击败刘繇，
平定会稽，袭取庐江，
一统江东地区，
为孙吴立国打下了
坚实基础。

在政治上，
我知人善任，以诚相待，
周瑜、程普、张昭、黄盖，
一众能臣猛将对我忠心耿耿，
即便我不在了，
仍然尽心竭力辅佐
弟弟孙权，
陪伴孙吴渡过
一个又一个难关。

东吴有我们在！

孙郎真是年轻有为
您最令我们心折的
就是一个字——快

而作为一个年轻人,
我英俊,勇猛,豁达,骄傲,
在那个群雄纷争的时代,
我光芒万丈的背影,
不知折服了多少英雄的心,
潜入了多少少女的梦。

我一生太短,短到无需回头,
在死的那一刻,我的眼睛仍然望向前方。
在前方,赤壁的火焰直冲天际,
在前方,弟弟孙权最终称帝,
在前方,挚友周瑜在 36 岁魂归大地。
是命数还是人术,不重要了,
反正我来世间走这一遭,够本了!

有的人活着,
他已经死了。

孙策

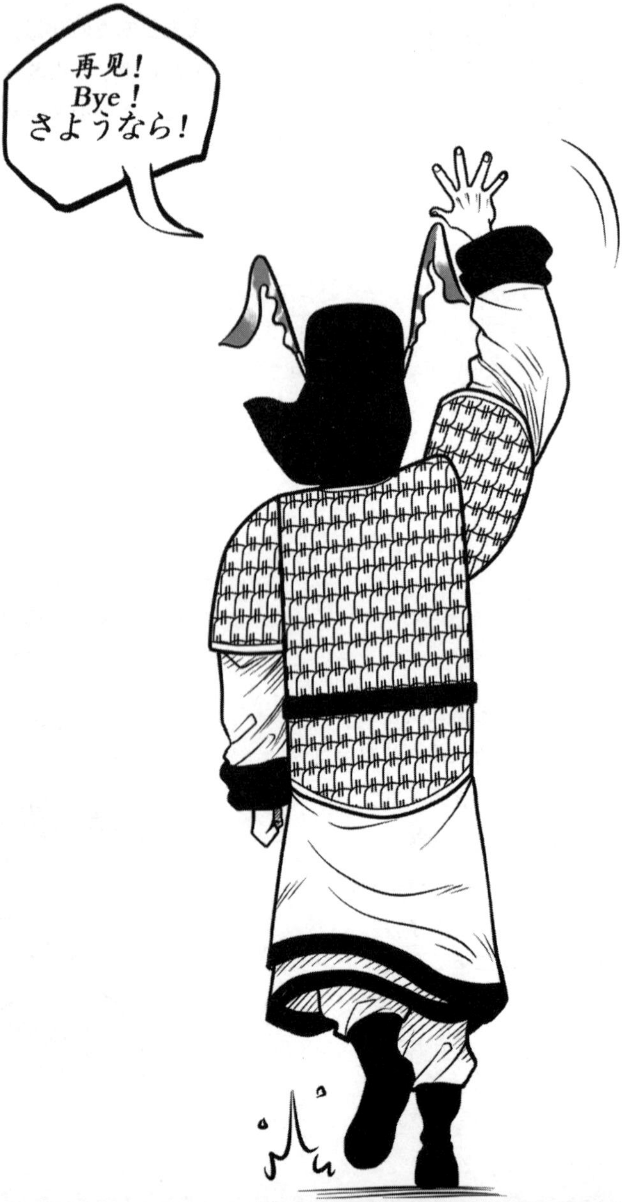
再见！
Bye！
さようなら！

读者有话说

TAM 先生

说三点。一是孙策是袁术女婿，因此袁绍放心借兵并放他回江东。二是曹家与孙家也有姻亲，虽然只是曹仁的女儿，但也是曹操的二当家，孙策与曹操的关系是很铁的。三是大土豪鲁肃对孙家帮助非常大。

岭南二狗子

孙策小儿藉父之名，非英雄也！孙坚打下的名气基础，刘繇、严白虎之流完全没得比，自己和手下的才能也无法和孙策集团相比，所以孙策打江东可以说得上是轻取。孙策死得早对于江东父老反而是一种幸福，于吉这个梗只是为了揭示一个现实：江东父老一开始是欢迎孙策的，不过很快就发现孙策并没有带来什么实质性的好处，这个和曹操差得远呢。

所以实际上孙策打下了江东后已经完成了自己的任务，治理江东还是孙权合适。不过这也导致孙氏集团最后只能割据一方坐以待毙：兄是个战术大师而非战略家，弟是个政务人才而非军事强手，连襟是个军事家可惜只有水军一项是 S 级，鲁大师虽然有谋略但依然格局偏小。这种种缺陷和曹操集团的全面发展相比不可同日而语。

有所归

孙策在江东确实厉害，但感觉也是因为江东都是严白虎、刘繇、王朗这种菜鸡军阀，刘表重文轻武而且没把他当回事轻敌了才大败。孙策北伐遇到了陈登都没占到便宜，所以我觉得他如果在北方遇到了曹操、袁绍、吕布、公孙瓒这样的对手未必会厉害。

江山风雨情

孙伯符是悲剧性的英雄，如果给他更多的时间，三国的天下也许会不一样。但可惜的是历史没有如果，一代英雄带着遗憾离开了世间。他这样的人，在三国时代还有很多，像周公瑾、郭奉孝、庞士元等都是如此。尽管他们有着一腔热血，在各家时也一心为主，只可惜最终都壮志未酬，空留江山依旧，或许悲剧的英雄能让人同情吧。最后就借用明朝诗人朱桢的一句诗为本文，也为孙伯符和周公瑾这两位三国英雄做结吧。故人已去，"江山如旧还英雄"。

知行合一

孙策只要活到210年，东吴就能吞并荆州，提前南北朝（孙策在东吴的号召力不是小屁孩孙权可以比拟的），也不会出现东吴内部不稳（这十年曹操还在和袁绍官渡较劲，没有精力南下）。天时地利人和都在孙策这里，可惜他死了……

Rich

孙策有天时地利人和，但缺胸襟权谋，还是一介武夫。直来直去，容易把志趣相投的人聚在一起。但不懂韬光养晦，树敌太多，徒增变数。他的死就是一千个不起眼的小因子带来的大变局。

话题终结者~王路飞

江东小霸王孙策只活到26岁，但比我们这些凡人个个活得精彩，奠定江东基业，迎娶白富美大乔，指定接班人领导群。维持后世三国之基业，也成就了周公瑾之火烧赤壁。生子当如孙仲谋，好基友还得孙伯符。

编后语

关于孙策之死，说法和传闻非常多。

《吴历》说，孙策的脸被许贡的门客射穿了，但其实还有医治的可能，只要不发怒，安心静养就能活，但孙策比较在意颜值，照着镜子一看，乱世美颜就这么被毁了，心里不开心，于是把桌子一推，怒吼了一阵，当晚就离开了人世。

《搜神记》的说法更神奇，说是孙策在渡江的时候，因为不下雨，船只难以行进，船上有个方士叫于吉，得罪了孙策，于是孙策要求于吉立刻求雨，如果求不到就要杀了他。于吉显神通将雨求来了，但孙策依然杀了他。于吉死后尸体消失，鬼魂时刻跟着孙策。孙策被射伤后，本来是快好了的，但在照镜子时看到镜中有吉的脸，于是奋力把镜子摔到地上，创口崩裂而死。

虽然真实性都不大高，但这些说法有个共同特点——孙策死前要照镜子。

为啥要照镜子？爱美。

三国时期爱美的人特别多，孙策本身天资出众，更是在乎容貌。他与周瑜成为一生挚友，除了年龄相同、抱负相似外，或多或少也应该和周瑜的颜值有关系。

但相比于周瑜的文雅，孙策性格更加激烈。在孙策死后，他的小弟孙翊脾气暴躁，被人评价说有孙策的影子，说明孙策的小暴脾气给世人的印象很深刻。

于是，一个精致爱美、脾气火爆、壮志凌云的年轻人，穿过了千年的时间，被我们看到了。

孙策的工作能力是不是真的很强呢？这说不好。

从他前东家袁术的态度来看，孙策可能不是特别让他满意。虽然袁术嘴上说儿子要是像孙策这样，就怎样怎样，但在实际行动上，袁术并没有非常重用孙策。

九江太守、庐江太守的大饼倒是画过几次，但临到任命，袁术却都换了别人。这很可能是因为他觉得孙策不够忠诚，也可能是觉得孙策能力没有达到他的期望。

后来孙策请求去江东的时候，袁术居然肯放他走，原因有两个：

第一个是《吴书》说的，有点厉害。孙坚生前在井中找到了传国玉玺，在孙坚死后，传国玉玺就到了孙策手中，袁术之所以还愿意与孙策虚与委蛇，就是因为想得到传国玉玺。直到孙策拿着传国玉玺来交换一千兵马和创业机会，袁术才同意他走。

另一个是《江表传》的说法。袁术认为刘繇和王朗在，孙策未必能有什么作为，这才放他去创业。

无论何种说法，有两点是共通的：1.袁术跟孙策关系已经很微妙了；2.袁术觉得孙策创业很难成功。

从这些细节看，孙策在袁术手下做事，KPI可能真的不出彩，但这不重要，重要的是天时、地利、人和。

孙策于195—196年平江东的时候，曹操还在忙着迎汉献帝；到了199—200年事业突飞猛进的时候，袁绍和曹操都在忙着搞官渡之战。

孙策最厉害的不是智谋，也不是军队有多强大，他最大的优势就是快。

风口刚刚来，他就把红利都吃下去了，等大佬回过头来一看，孙策的势力已经发展得很有规模了，不好咬。这是天时。

孙坚当年本来就已经在江东地区打下了基础。再加上江东这边的地理位置距离曹操太远，没有水军很难打过去，曹操一时不敢撕破脸，远交近攻才是正经。这是地利。

孙策是出了名的治军严格，当年在袁术帐下的时候据说追杀一个违反军纪的兵卒，直接杀进了袁术帐中。至于是不是作秀，就不得而知了。

反正这个少年性格幽默，爱交朋友，治军严格，不侵扰百姓，人缘是极好的，不少袁术的门客都跟着孙策跑，可见他虽然是个暴脾气，但情商极高，很懂得拉拢人心。这是人和。

所以孙策的成功，很难复制。

有一句歌词被人们用滥了："我就是我，是颜色不一样的烟火。"不少人拿来形容自己，要我说，孙策才叫适合，烟火之所以美，就是因为它的短而烂漫，而孙策26岁离世，生平如此独一无二，不正是"颜色不一样的烟火"吗？

所以，孙策、周瑜，人们都很爱提到他们，但如果真要做他们，估计愿意的人不多。比如要我选的话，我希望自己是一个"颜色稍微有点不同的节能灯"。

历史不仅仅是由天纵英才造就的，历史中大多数的人，都活得庸俗又长久。

周瑜的胸襟

在《三国演义》中,周瑜的形象深入人心:小肚鸡肠,傲慢无礼,气量狭窄,最后被活活气死。其实真实的周瑜恰恰相反。

> 既生瑜，何生亮！

>> 你母亲姓"既"吗？

周瑜　　诸葛亮

>> 可我妈不姓"何"啊！

直到今天，
很多人依然在乐此不疲地
聊着我的八卦。
关于我那窝火的死亡，
还有那句著名的伪遗言。

在一部名为《三国演义》
的文学作品中，
我被艺术加工成
一个小肚鸡肠、遇事犹豫的
江东将领。

扑——哧！

周瑜的胸襟

人间更有一周瑜

一见周瑜胜伏鹃
东风不与周郎便，铜雀春深锁二乔
江左风流美丈夫

周瑜于此破萼
遥想公瑾当年，小乔初嫁了
天公先与杀周瑜

中华小曲库

但事实是，
我周瑜短短一生，
可谓千古传唱。
连你们的偶像诸葛亮，
都没有这般待遇哟。

汉末男子101

这么受欢迎，
都是有原因的。
首先，我帅。
个子高，长得壮，
脸还好看。
无论时代如何变迁，
帅，
就赢了三分好感。

孙权　周瑜　曹操　刘备

三国心灵史

其次,
我家世好。
我父亲是洛阳令,
堂祖父和堂叔
都当过太尉,
位列三公。
大概就是丞相的孙辈、
首都区长的儿子吧。

作文题目:我的父亲

【我的洛阳令父亲】

我爹曾说,如果生命只剩三天时间,前两天用来陪伴家人,第三天用来工作,因为工作时,度日如年。——周瑜

老师评语:此文满分。注:并非因为你爹的职业。

曲有误,周郎顾~

周瑜

最关键的,
是我爱交朋友,
还会玩儿。

因为我非常懂音乐,
被认证为音乐评论界
冉冉升起的新星。

有些歌,以前听不懂,
忽然有一天,就懂了。

凭借着我这该死的
过人才华和情商，
在我十几岁的时候，
结交了改变我一生的死党——
孙策。

> 我俩同年的！

> 175年的！

孙策　周瑜

失重乐园

> 我俩曾住一个县！

> 住周瑜家！

> 前工作单位都一样！

> 东吴创业孵化公司！
> 法人：袁术！

在二十岁那年,
我去拜访从父周尚。
当时,
他正在袁术手下当丹阳太守。
我们正在聊着职业规划的时候,
一封信被交到了我手中。
还是那熟悉的语气,
还是那熟悉的人。

经过了 0.01 秒的思考,
我决定,走起。
我带着兵,带着船,
带着过日子的好干粮,
加入了孙策的队伍。
从横江到当利,
从秣陵(南京)到曲阿(丹阳),
我们一路高歌向前,势不可挡。
直到赶走了刘繇,
孙策的大军已有几万人马,
我才放心回到了丹阳。

这一趟酣畅淋漓的作战,
吸引了一个人的目光,
这个人,
是我从父的上司——
袁术。

当时,
他调遣我从父去寿春,
顺便表达了重点培养我的想法。
对于这从天而降的运气,
我的回答是:
再历练一下。

我自请当居巢（今巢湖）长，
为的不是别的，
而是看中了居巢方便渡江的
地理条件。

我知道，那个人总有一天，
会踏着七色彩霞迎接我。
因为，
在居巢当官——

> 方便跳槽。

> 何槽可跳？

> 我有一去处，
> 公可有兴趣？

> 简历已偷偷准备好。

周瑜　鲁肃

工作干得欢，
不如一靠山。

带着在居巢认识的死党鲁肃，
我俩默默渡江，
弃官投奔了自主创业的孙策。
孙策开心极了，
他亲自来迎接我们，
当场就封了我建威中郎将的职位。

除了兵马外，
私人乐队、江景别墅，
甚至连俘虏的绝色姐妹花——
大乔、小乔，
孙策都要跟我分享，一人娶一个。

有人因此质疑，
觉得我功不配位。
对此，孙策公开表示：
"我给的还不够！"
其实我觉得，
他说的也对。

来不及解释了，
快上船！

第一件，
是在创业初期
帮孙策打下了第一份业绩。
在渡江之时，
几大势力都未把孙策放在眼里，
但我立刻带着兵马粮船支援。

除非老天让我消失！
不然谁也阻止不了我了

孙策

我的帮助，
让孙策得以打下
东吴的创业之本，
建立了几万人的军队。

成功之后，
我立刻回头镇守丹阳，
避免孙策和袁术正式翻脸，
这样孙策才能好好发展
自己的事业。

燃鹅……

公元 200 年,
一件惊天噩耗传了过来,
孙策,我一辈子的好兄弟,
遇刺了。

第二件事,
就是孙策死后,
守护孙权上位。

5555555……

孙策之墓

哥哥……

孙权

> 谁敢乱一个试试?
> 试试就让你逝世!

周瑜

可我来不及过分悲痛,
有一个更重要的问题
摆在我面前:
当时孙权才不到19岁,
羽翼未丰,英豪分散,人心浮动。
是我带着兵来到吴郡奔丧,
留在孙权身边,
与张昭共掌众事,稳住了局面。

第三件,
是引荐人才,
以宽广的胸襟
加强东吴凝聚力。

在孙权上位后,
我建议他广纳人才,
并向他推荐了挚友鲁肃。
事实证明,在我死后,
鲁肃成为东吴的另一个支柱。

> 各位绅士,
> 是什么让我们在此相遇?

> 是……工

孙权

周瑜

鲁肃

> 是命运啊!

和孙策一样,
我为人心胸宽广,
不计较虚荣,
用超人的情商,
使得东吴的团建工作
蒸蒸日上。

> 嘴角向上,蒸蒸日上!

> 嘴角向下,迷失方向!

在我与张昭的共同操持下，
江东迅速壮大。

很多人在这样的荣耀下，
往往迷失自我，狂妄自大。
而我，即使孙权只是将军，
仍待之以君王之礼。

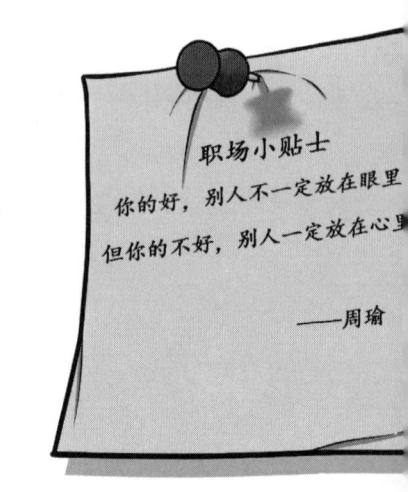

职场小贴士

你的好，别人不一定放在眼里
但你的不好，别人一定放在心里

——周瑜

第四件是什么？

这就要说到一个人了。
他就是全村的希望——

曹操。

正在我们建设东吴的时候，
曹贼把持朝政，
并开始了他一统天下的计划。

江东这块宝地，
自然是被这家伙盯上了。
在正式对战之前，
曹阿瞒对我江东
进行了两次试探。

曹操

锁定你噜

Round 1

曹操假借皇帝之口，让孙权送质子过去。

张昭：要不送一个吧？

秦松：送送更健康！

你俩快别说了！

送了，最多当个侯。不送，能当老大。

Round 2

曹操拿下刘表水军，转头兵锋直指东吴。

人家背后有天子，水军又这么多，硬碰硬不是办法。

要不还是笑脸相迎吧？

是干是湿，让猪试吃，是生是死，打完才知。

曹贼后方不安定，又不擅水战，简直来送死。此时不盘更待何时？

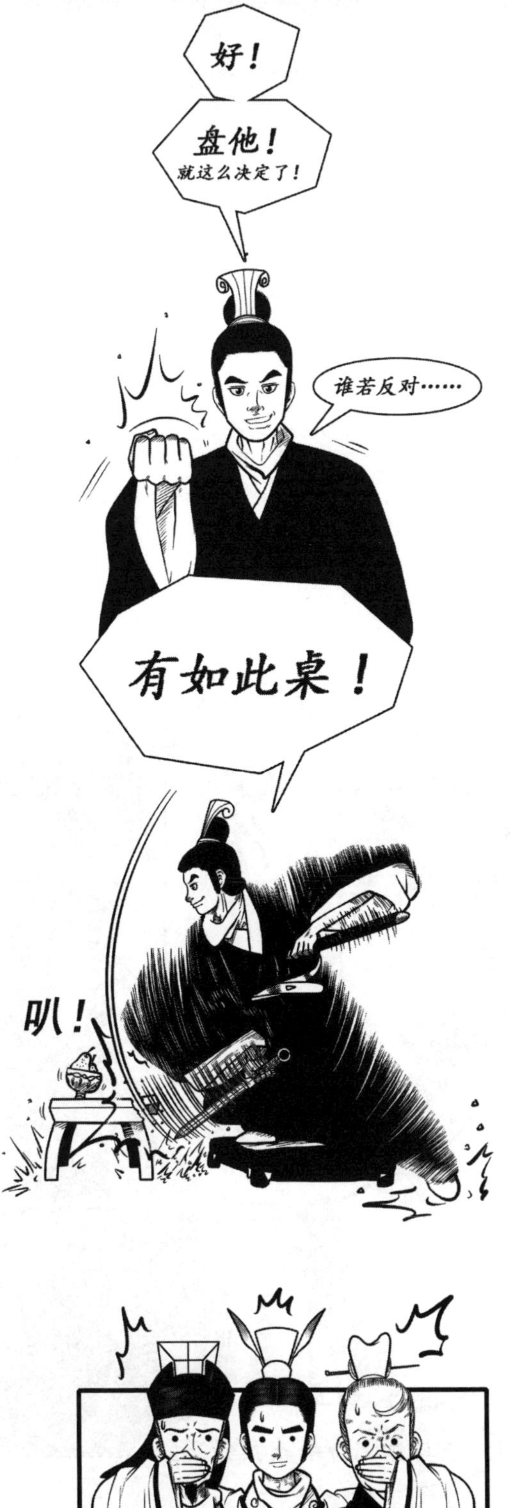
好！
盘他！
就这么决定了！
谁若反对……
有如此桌！
叭！

虽然曹操的军队长途跋涉,
又不擅水战,
但刘表船上的步兵数十万,
这个数字足以让人胆寒。
此时,
鲁肃带来了一个影响局势的人——
诸葛亮。

当时，
刘备被曹操打败，
准备渡江，
正巧碰见了鲁肃，
两下一合计，
刘备立刻派遣诸葛亮
表达合作意愿。
虽然人数还是不够，
但刘备的加入，
无异于一管强力鸡血，
孙权立刻下令，
命我和程普为左右都督，
联合刘备，
与曹贼决一死战！
地点，就选在——

当时曹军疲惫多病，
第一场交手就吃了"鳖"。

"一键放火,
送你上热搜。"

黄盖

曹操引军至江北,
而我和刘备的军队,
就在南岸扎营。
曹操军队疲惫,
我们以寡敌众,
谁都不敢轻举妄动。
但等曹军恢复过来,
我们只会更难取胜。
此时,
我的部下黄盖提出了
一个脑洞大开的建议。

此计大妙,
我立刻安排部下
准备几十艘冲锋舰,
里面装满了枯柴干草,
灌满了鱼油,再用布遮住,
还在上面插了旗子,
布置妥当。
然后送信给曹操,
说黄盖要投降。

"不知千百年后,
人们如何评价我黄盖此举。"

下雨了!突然想起来家里衣服还没收!我先走一步!

在猛烈的东风中,
火势飞速蔓延。
这一场火,
烧掉了曹操的军队、马匹,
也烧掉了曹操想要迅速
一统天下的美梦。
我们乘胜追击,势如破竹,
曹操只能狠狈地派曹仁守住江陵,
自己跑回北方。

曹操不啰嗦,一心要拿荆州;
用阴谋阳谋,明说暗夺淡泊……
尔虞我诈是三国,说不清对与错;
纷纷扰扰千年以后,一切又从头……

好歌

三国心灵史

这一场仗,
就是我为东吴做的
第四件大事!
赤壁之战,以少胜多,荡气回肠,
堪称我人生中的高光时刻。
从那以后,
"周郎"二字响彻天下。

嘘……

周瑜

低调点,低调点

这……

曹操

那天我是自己烧了船,
就想看烟火,
周瑜的功劳是冒领的!

靓仔语塞

这让一些人开始针对我。
刘备跟孙权说我坏话,
认为我很可能叛变。
曹操甚至刻意抹黑
我的名声。
原因很简单:
他们怕我。

论谋略,
我眼光精准,分析到位。
每当问题来临,
我都是最有决断的那一个。
口才能舌战群臣,
指挥能屡战屡捷。

坦诚、高效、富有建设性的讨论

孩子才做选择,大人全都要!

更重要的是,
我恢廓的胸襟
奠定了东吴的一方霸业!
对内,
我影响了东吴的企业文化。
正因我包容的态度,
东吴少有内乱,齐心协力。
对外,
称雄一方,只是一个小目标。
在我的胸襟里,藏着整个天下!

> 这是做啥子嘛……
> 都来搞老子哟……

益州大佬·刘璋

大破曹仁后,
我向孙权提出了
一个别人想都不敢想的计划——
征伐益州!

委屈巴巴

> 呵呵,益州
> 雨女无瓜,雨我有瓜。

益州在手,
我便可顺势拿下蜀地,
与马超结援,
然后回去跟着孙权
一起对抗曹操。
三分天下!
而且我们占上风!

卧龙

周郎出征图

"除非老天让我狗带!不然谁也阻止不了我了!"

带着这个宏伟的计划,我踏上了人生最后一段征程。

"咦,这句话怎么这么耳熟……有种不祥的预感……"

燃鹅……

公元 210 年,
36 岁的我在巴丘生了重病。
而此地,
距离目的地益州,
还有千里。

哦嚯,晚期
啥晚期?！
周瑜

啪嗒！
周瑜
因为我信他
能在我死后
让东吴继续
走向巅峰。

孙权
我知道了。
你就安心地走吧……

在最后的时刻,
我上表希望鲁肃
接替我。

说完这些,
我抬头望着远方。

在远方,
曹操提出"唯才是举"的
用人方针,广揽贤才;
在远方,
刘备提拔庞统为
军师中郎将,
与诸葛亮平分秋色。

不过这一切,
都跟我无关了。
36岁的我,
慢慢合上眼睛,
这个世界越来越模糊。

再见了……

离我越来越远。

小乔……

我,走了。

有人为我的死哭泣,

有人为我的死欢呼。

罢了，罢了，
都是浮云过眼。
在这场豪赌中，
没有绝对的赢家，
因为三国鼎立的时代
就要开始了。

孙策兄，我来了。

失重乐园

读者有话说

爱丽丝梦游

小时候听闻：公瑾躺在棺木中尚有一丝气息，诸葛亮前来吊唁，假装嚎啕大哭堵住棺木的小气孔，最终公瑾西去。不知此事是否属实。

刘

周瑜是从明朝《三国演义》开始被抹黑的，在宋朝形象还是不错的，大文豪苏东坡《赤壁赋》："遥想公瑾当年，小乔初嫁了，雄姿英发，羽扇纶巾，谈笑间，樯橹灰飞烟灭。"火烧赤壁的主角是周瑜而不是诸葛亮。

猎虎

其实演义也并非在黑周瑜，而是老百姓理解有问题。演义的周瑜也是为东吴的立场和利益着想的。从长远战略考虑，周瑜才不如诸葛亮，那么未来一旦孙刘集团撕破了脸皮，东吴将处处受制于刘备，这才是周瑜最为忌惮的地方。况且周瑜最初是派诸葛瑾游说诸葛亮入伙东吴，游说不成才起杀心的。

真的按照民间老百姓的理解，周瑜气量狭隘不能容人的话，他又怎么做得了六郡八十一州大都督？又怎么能统领东吴大军与天下争雄？曾经周瑜独与程普不睦，最终程普却评价周瑜"与公瑾交，若饮醇醪，不觉自醉"。老版三国的经典便在于此。（南郡之战程普替周瑜挡箭之后，甚至还秘密集结东吴诸将准备杀前来奔丧的诸葛亮。）

以上均为演义看正史，正史看演义。

江山风雨情

本期看完,最先想到的是曾经读过也很喜欢的两首诗:一是江户时代日本学者赖山阳的"东风烧尽北军船,烟尽长江不见痕。怪得频频曲边顾,却无一顾向中原";一个是中国明朝诗人的"赤壁之山上摩空,三江之波浩无穷。峭壁穷岠江流东,当年鏖战乘天风。鼎立已成烟焰中,百万北走无曹公。大书石上莓苔封,千年不泯周郎功。我今送客放舟去,江山如旧还英雄"。

遥想赤壁战场上,公谨将军率领东吴水军向曹营发起总攻,江上烈焰冲天,大军杀声直冲云霄。那场面,真让人觉得热血沸腾!

后来才知道,三国的赤壁战场和苏东坡先生看到的赤壁不是一个地方。后人将东坡先生的那个称为东坡赤壁!

中国人寿·黎明

初读三国,大概十五六,当时偶像是赵云,冲阵扶危主,唯有赵子龙。长大点,二十多岁时,觉得张任才是英雄,西川大都督,以一己之力抵抗外敌,就算失败,也是金雁桥边的忠骨。现在我只想成为周郎,长得帅,朋友多,情商高,懂艺术,一人之下万人之上,领导又信任,还有一个漂亮老婆,如果不是因为身体原因,真的是绝无仅有的完人了。不过就算短命一点,也想成为这样的"江左美周郎"。

橙色盒子

不管影视剧还是戏曲,周瑜都是青年才俊的形象,诸葛亮则是一幅长髯的长者形象。其实赤壁之战时,诸葛亮27岁,周瑜已经34岁了。

《易中天品三国》说的对,周瑜是东吴海军总司令,刚打赢了赤壁之战,是名动天下的英雄,还娶了个天下最漂亮的老婆,怎么会嫉妒诸葛亮一个管后勤的?诸葛亮嫉妒周瑜还差不多。

编后语

周瑜非常被动，似乎大部分时间都在公报私仇。

后来"诸葛亮三气周瑜"的桥段，周瑜的小心眼更是体现得生动至极，就连死的时候都在喊着"既生瑜，何生亮"。

在《三国演义》中，周瑜这个人物形象就是一面镜子，照的不是他本人，而是诸葛亮。他越是小肚鸡肠，诸葛亮就越显得宽宏大气；周瑜越是气急败坏，诸葛亮就越显得游刃有余。

这是一种很高明的写法，但这只是小说的写法。

《三国演义》实在流传太广了，里面的故事又如此深入人心，所以在很多人的印象中，周瑜就真的变成了一个气量狭窄，自视甚高，最后被气死的男人。

但事实上，早在赤壁之战前，周瑜的主战倾向就非常明显了。在曹操得到刘表的军队后，东吴群臣分为了两派，张昭为首的主和派认为以寡击众不明智，主张先迎接曹操；而孙权其实更倾向于主战派，在鲁肃的建议下，孙权召回了周瑜，果不其然，周瑜毫不犹豫支持开战，并清楚地分析了当前的局势，促使主战派取得了胜利。

在赤壁之战中，周瑜才是整个作战的主心骨，刘备方的加入的确让战局改善了不少,但更多的是军力上的支持,而非整个战略部署的决策。

诸葛亮在赤壁所起到的作用,并没有达到左右战局的地步。

相反,周瑜在赤壁之战后,最忌惮的人并非诸葛亮,而是刘关张三人。

他曾专门向孙权提了两点建议:第一,建筑华美的宫殿,提供绝色美人和锦衣玉食款待刘备,但不要分封他;第二,刘备、关羽、张飞要分开,时刻提防、钳制。但因为孙权希望广揽英雄对抗曹操,又觉得刘备这边不好得罪,便没有采纳。

这件事并不能说明周瑜的心胸狭隘,相反,即使是建议提防他们,周瑜仍然对刘备一行人不乏溢美之词。他说刘备是"枭雄之姿",关羽、张飞是"熊虎之将",认为三个人凑在一起,"恐蛟龙得云雨"。

这说明周瑜对刘备并不是傲慢或嫉妒,而是持赞赏态度,正因他看得起刘备,才会将他们视为东吴的潜在威胁。

周瑜对赤壁之战的贡献,是有目共睹的。《三国志》中,但凡提到周瑜的功绩,都要提到赤壁。孙权直接说:"昔走曹操,拓有荆州,皆是公瑾。"从刘备与曹操的反应也可以看出周瑜的功劳。

《江表传》记载,在赤壁之战后,刘备曾与孙权单独对谈,特意提到了周瑜,刘备说周瑜"文武筹略,万人之英,顾其器量广大,恐不久为人臣耳"。这话说得非常微妙,一方面表现出刘备对周瑜才能的赞赏;另一方面,暗示周瑜会取而代之,其实也是给周瑜挖坑。

而曹操也说:"孤烧船自退,横使周瑜虚获此名。"

这些都侧面反映出一件事:赤壁之战后,周瑜的名声太响。

至于周瑜的性格,《三国志》给了一句点评:"性度恢廓,大率为得人。"意思是他心胸宽广,基本上人缘很好。

这种不计较得失的性格,在他的行动上体现得很充分,自少年时代认识孙策后,周瑜对孙氏可谓是托付了一生。孙策带着母亲去周瑜的地盘,周瑜立刻把家里的宅子让给他们住;孙策需要支援,周瑜立刻带着兵、船、粮跟着走;孙策死前指定孙权接任,周瑜二话不说就带兵奔丧,拥护孙权;甚至后来为了破曹仁,不惜带着箭伤激励将士。虽然他的一生只短短36年,但周瑜对孙氏可谓披肝沥胆。

从其他人对周瑜的评价也能侧面反映出周瑜的胸襟。程普因为年长,与周瑜合不来,数次言语侮辱,但周瑜从未计较,最终程普给出了一句话:"与周公瑾交,若饮醇醪,不觉自醉。"

对周瑜,东吴群雄几乎是"零差评",诸葛瑾为周瑜的儿子上书求情,孙权有事没事就会思念公瑾,鲁肃更是与周瑜一生交好。

只可惜,周瑜毕竟是一个人,也有局限,比如最终"二分天下"的计划是否可行,变数太多,很可能即便他没死,三分天下的趋势仍然不会改变。

但是,这并不妨碍后世文人对周瑜的青睐。毕竟,在那个群雄并起的时代,这样一个耀眼的人,壮志凌云却偏偏英年早逝,兼具了文艺、热血与命运无常,太适合艺术创作了。

而这么多的诗词,关于周瑜当年的风采,我仍然认为苏轼写得最贴切——"谈笑间,樯橹灰飞烟灭。"

诸葛亮的使命

永安托孤,诸葛亮登上了蜀汉权力的巅峰,然而繁重的政务与军务过早地耗尽他的生命,留下"出师未捷身先死"的千古遗恨。

建兴十二年（234）秋，
我伫立在五丈原上，
遥望奔流不息的渭水。

萧瑟的秋风掠过我两鬓的白发，
一阵彻骨的凉意刺透了我的病躯……

呼~~~

诸葛亮的使命

此情此景……

不由得让我想起了27年前的那个冬天。

那时,
虽然窗外寒风凛冽,
但先帝的一腔热血,
却让我的草庐温暖如春。

慢慢汉室倾颓,
慢慢奸臣窃命,
慢慢主上蒙尘。
慢慢我不自量力,
慢慢欲伸大义于天下!
慢慢……

你是一个被耽误的歌手。

刘备　　诸葛亮

你把我灌醉我就跟你走。

那你啥时候能醉？

我不会喝酒。

刘备

诸葛亮

嘻嘻嘻嘻……　　嘿嘿嘿嘿……

相视一笑

面对先帝殷切的眼神，
我内心埋藏已久的凌云之志
喷薄而出：
大丈夫岂可空老于林泉之下？
人这一辈子，
能遇到一个知己之明主，
多么难得啊！

为了报答先帝的三顾之恩，
我将自己筹谋许久的
"三分攻略"和盘托出。
我的一番论述，
让先帝听得入神。
这位半生坎坷的英雄，
眼中升起了对胜利的渴望。

这样这样……
然后再那样那样……

你太无情了！
不过，
我喜欢……

兴奋地修起了草鞋

我为先帝筹划的攻略，
大致分三步走：

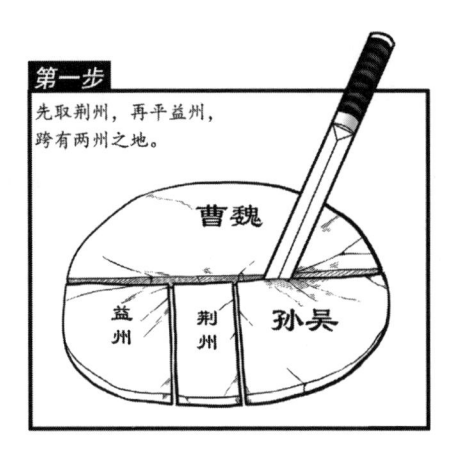

第一步

先取荆州，再平益州，
跨有两州之地。

曹魏 / 益州 / 荆州 / 孙吴

第二步

安抚好西南戎夷，对外与孙权结盟，
对内勤修政务，练兵屯粮，以待时机。

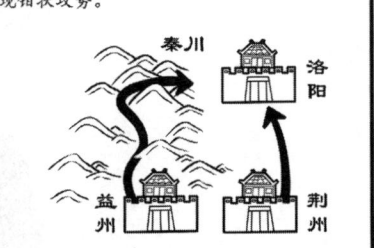

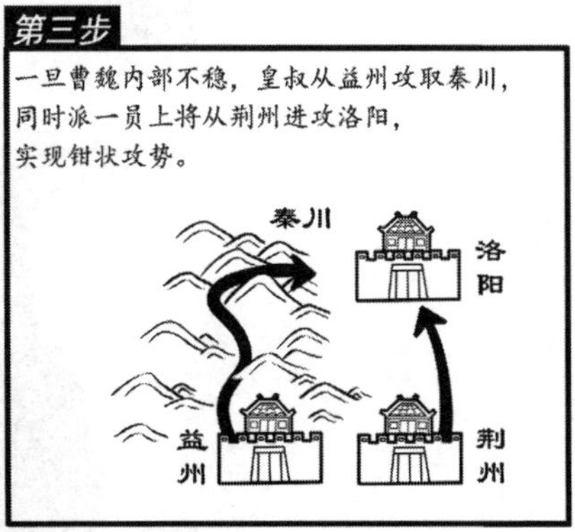

第三步

一旦曹魏内部不稳，皇叔从益州攻取秦川，
同时派一员上将从荆州进攻洛阳，
实现钳状攻势。

秦川　洛阳
益州　荆州

燃鹅……

理想很丰满,
现实很骨感。
我的计划第二年就遭遇了
重大意外:
曹操南征,刘琮投降,
先帝在长坂遭遇了惨败……

难道,
我的宏伟计划就这样
胎死腹中吗?

所幸的是,
我们遇到了东吴来的鲁肃。
在我俩的共同努力下,
孙刘两家迅速结成同盟,
在一个叫赤壁的地方
一把火烧光了曹军。

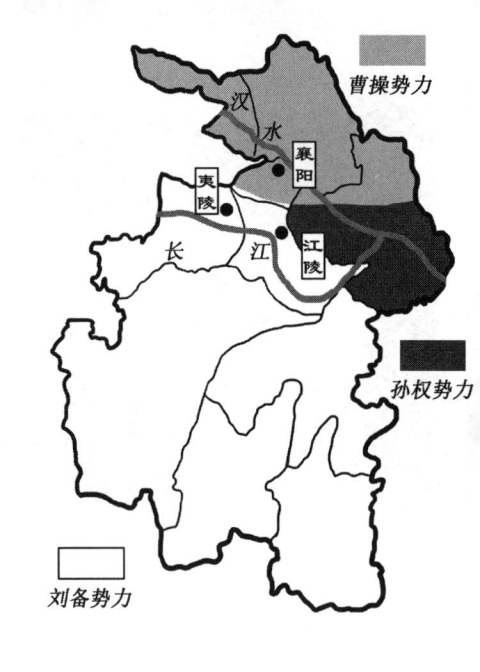

战后,
荆州北部仍握在曹操手里,
东吴夺得了荆州的东部,
而江南四郡落入了我们手中。
在鲁肃的力主下,
东吴还把江陵借给我们驻防。

就这样,
荆州的大部分地方掌握在我们手中,
初步具备了实现隆中战略的基础。

热烈祝贺备哥喜获汉中王称号！

经过多年鏖战，
我们夺取了巴蜀，
又将曹操的势力赶出汉中。
终于实现了第一步目标。
高兴之余，
我们拥戴先帝为汉中王。

然而仅仅数天以后，
我的计划就遭遇了
第二次重大意外：
镇守荆州的关羽进攻
襄阳、樊城，
后方空虚，被吕蒙偷袭得手，
丢光了荆州的全部地盘不说，
自己还死在东吴手里，
导致孙刘联盟破裂。

大哥、三弟，我玩脱了……

诸葛亮的使命

> 555~
> 尽人事！听天命！
> 万事终究有始有终！
> 二弟升天，
> 大哥我不胜哀恸之至矣。

> 俺也一样！

曹丕篡汉后，
先帝在我的劝说下
登基称帝，
以延续汉室的国祚。

> 又……

!!

为了给关羽报仇，
先帝拒绝了孙权的求和
与群臣的劝谏，
怀着满腔愤怒讨伐东吴。
然而夷陵之火，
致使多年积累的家底
毁于一旦。

夷陵

打败了。

先帝回到永安时，
已经奄奄一息，
我急忙从成都赶去
见他最后一面。

病榻前，
先帝那双曾经满怀
激情的眼睛，
竟变得如此黯淡无光……

什么？

难道陛下怀疑我吗？

哪有君王托孤会这么说？

叭！

啪啪啪啪啪!

臣必定竭尽全力辅佐太子，
忠贞不二，为国效力！

那一刻，
冷汗瞬间湿透了我的衣衫，
某种本能驱使我……

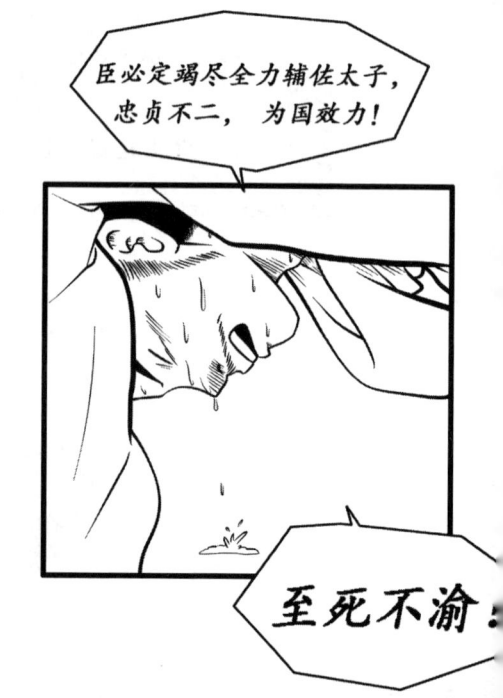

至死不渝！

二弟，三弟，我来了……

听完我的誓言，
他的嘴角露出一丝笑容。
他诏告太子，
要向待父亲一样待我。
渐渐地，
他合上了眼睛……

咱哥仨终于又……

二弟，三弟！

大哥，三弟！

大哥，二哥！

见面了……

人生尽头

16年的君臣相知，
16年的旷古殊遇，
就这样走到尽头了吗？

多年以来，
我一直在思考
先帝选我为
首席顾命重臣的原因。

先帝除了肯定我的
忠诚与才能外，
恐怕更为看重我
谨慎靠谱的性格。

职场小贴士
靠谱是职场生存第一优势。
——诸葛亮

大概是隐居隆中时的
"村夫"经历，
使我养成了
一丝不苟、兢兢业业的
做事风格，
令我终身受益。

> 不认真种地就得饿死。

诸葛亮

诸葛亮的使命

先帝托孤之时,
新遭大败,
不仅亲信折损大半,
而且人心浮动,危机四伏。

更为重要的是,
太子年幼,缺乏威望。
如果不选择一个
谨慎靠谱的人辅政,
汉家天下恐怕要改旗易帜。
正因为如此,
我才决不可取代幼主。

别跟那家伙学!

诸葛亮

曹丕

儿啊，要记住，静以修身，俭以养德。

诸葛亮

诸葛瞻

非淡泊无以明志，非宁静无以致远。

凭借先帝的遗命，
我登上了权力的巅峰，
就连陛下也得恭恭敬敬
喊我一声"相父"。
自古以来，
权力最容易滋生傲慢与贪婪，
从而使人心背离、社稷倾覆。
但是权力对于我而言，
是肩上沉甸甸的使命。
所以我从小教导儿子，
内心要宁静、淡泊，
才能拒绝诱惑，
获得众人爱戴。

肩上沉甸甸的使命，
迫使我成为工作狂。
为了不辜负先帝的重托，
我事无巨细，事必躬亲。
夜以继日地工作，
几乎耗尽了我的心血。

被工作环绕

问：如何在1年内获得别人3年的工作经验？
答：加班。

诸葛亮的使命

> 打起来！打起来！

曹丕

> 欸？
> 蜀吴没打起来……
> 没劲！

先帝驾崩后，
一些乱臣贼子借机兴风作浪，
南中的夷人也蠢蠢欲动。
所幸的是，
先帝利用最后的时间
修复了与东吴的关系，
使曹魏不敢觊觎益州。

为了抚定南中，
我曾在五月盛夏
南渡泸水，
深入蛮荒之地，
使反复无常的夷人
归于王化。

经过我多年的精心治理，
蜀中大治，兵精粮足，
是时候进行下一步目标了！
这个目标就是——

洛阳

大臣甲：劳民伤财！
大臣乙：曹魏势大！

诸葛亮

不过，
北伐的条件并不理想。
一是和隆中的设想有一定距离：
我们丢失了荆州，
无法实现钳状攻势；
曹魏内部也一直比较稳定，
缺少发难的契机。
二是，我很清楚……
朝中很多人其实并不支持
北伐大业。

为防止朝中反对的声音影响后方稳定，
我在誓师前上书了一篇表文，
劝勉陛下广开言路、严正赏罚、亲贤远佞，
并且表达了我继承先帝遗愿，
完成北伐大业的决心。

回想当年先帝的恩遇，
文章写到最后，
不由得泪眼婆娑。

今当远离，
临表涕泣，
不知所云……

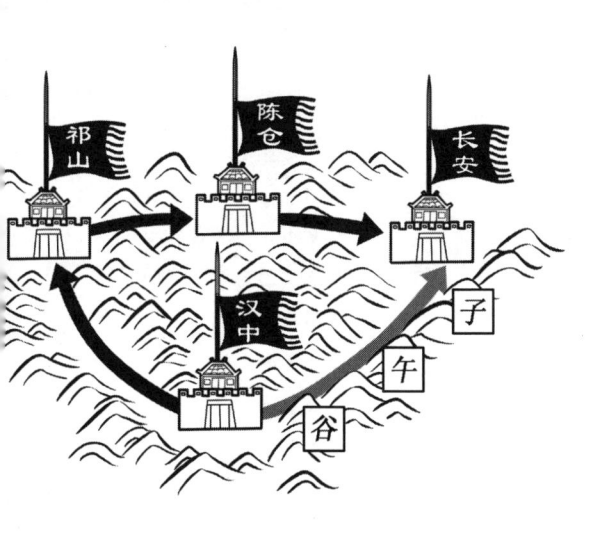

北伐之路注定不会平坦，
刚一开始，
魏延就对我走祁山、
经陇西进攻秦川的主攻方向
提出异议，
他想直接从子午谷
偷袭长安。

然而，
这一方案实在太冒险了，
大汉家底薄弱，经不起失败，
不能拿国运来孤注一掷。

子曰：揍他！

魏延

诸葛亮

存折就像洋葱一样，
打开后会让人流泪。

玩真的？？？
现在在线求助
还来得及吗？

斩。

马谡

诸葛亮

马谡

叭！

一剑升天

然而，
一着不慎，满盘皆输。
我忽略了先帝临终的嘱托，
错用马谡，
导致街亭之败，
北伐前功尽弃。
我唯有请求自贬，
才能稍微减轻内心的愧疚。

此后的三年半，
我又发动了三次北伐。
两次因粮草不济被迫退兵。
另一次夺取了陇南二郡，
距离还都长安的目标
仍遥不可及。

共享木牛流马

诸葛亮的使命

人们或许不理解，
为什么我不顾国弱兵疲，
屡败屡战？
他们并不明白——

北伐不仅是汉室唯一的出路，
也是我今生必须完成的使命！

首先，
北定中原，复兴汉室。
这不但是先帝的遗愿，
也是我毕生的理想。
身为一名读圣贤书的儒士，
应以匡扶汉室为己任。
不如此，
无法报答先帝的知遇之恩。

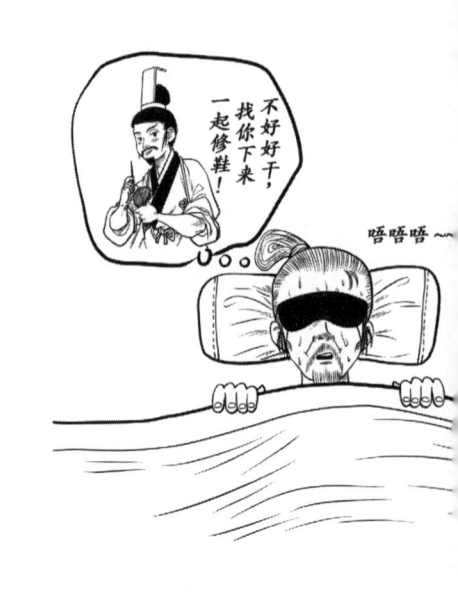

以攻为守，
是弱者最好的生存之道！

其次，
向外扩张。
益州地形险固、交通闭塞，
加上物产富饶、民风闲适。
如果不积极扩张，壮志逐渐消磨，
就只能坐等别人来消灭。

再次，大汉朝廷成分复杂，
既有先帝的亲信，
又有刘焉、刘璋父子的旧班子，
还有益州本地的土豪。
派系之间暗流汹涌，
而对外扩张是转移矛盾、
凝聚人心的最佳方式。

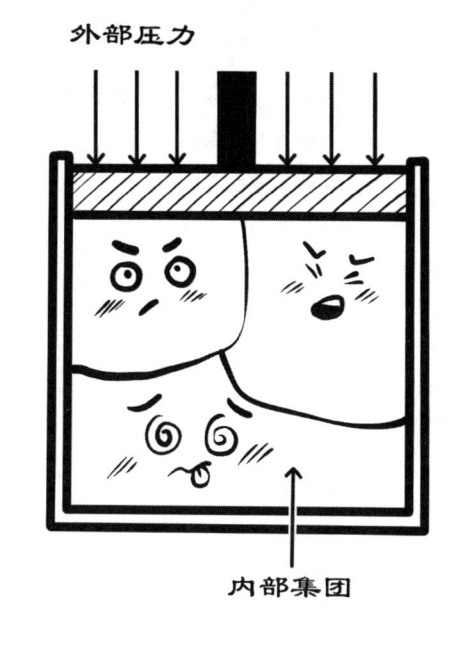

经过三年讲武劝农的准备，
我发起了第五次北伐。
我军从褒斜道攻入秦川，
却被魏军死死遏制在
渭水以南的五丈原一带，
两军对峙了一百多天……

此处距离长安也就两百余里，怎么就打不过去呢？

你们打过来，我们就完了。

我想尽了办法也无法打破僵局。
没完没了的军务终于
拖垮了我的躯体,
我感到时日无多……

我所深深忧虑的,
并非自己的寿命,
而是汉室的气数。
如今朝廷上下,文无能臣、
武无悍将。
如果缺少我的管束,
朝政可能失衡,
甚至会引发派系倾轧。

公百年之后,谁可担当重任?

蒋琬。

蒋琬之后呢?

费祎。

费祎之后呢?

诸葛亮

李福

你是聊天终结者吗……

> 我这个人做事，
> 要么不做，要么就做到最好。
> 所以我选择不做。

刘禅

发型不能乱~

更让我忧心的是，
当今皇上暗弱无能，
今后少了我的劝勉，
他一定会耽于享乐，
偏信佞臣。
长此以往，
我大汉将来不免
亡于外敌。

唉！看来匡扶汉室的使命，
终究是无法完成了！

> 0八！

读者有话说

青

曹魏中期时的曹叡托孤,和三国初立时的刘备托孤、群雄逐鹿时期的孙策托孤,是两个截然不同的概念,前者的中心是"接好班",后者的中心是"活下去"。

所以曹叡搞了一堆幺蛾子,最终还是没搞好,固然有所托非人之因,但也确实是和平时期托孤,内部要平衡更复杂。

刘备那会儿虽然已经立国,但其辞世时全国动荡,多有叛乱,孙权只是停战,实则仍暗中派人潜入鼓动作乱,如同一个刚建立没多久就濒临破产的公司,临终的一把手会对自己的儿子说接好权杖吗?不,他当然会对平时自己的一号助手说:让公司活下去!至于自己的儿子,鉴于公司性质特殊,还是会出任表面法人,但也只是"表面"而已。

孙策那会儿就更险恶了,只是个军事集团,连正规政权都未必是。所以孙策托孤张昭,用语和刘备一致,末了还加了一句"实在不行就跑路吧",接班人也是选的年龄更大的弟弟而非儿子。这都是因为"活下去"才是第一要务。为此,什么儿子接班,甚至维持集团,都是虚的,必要时,赶快解散跑路才是正经。

Joe.晖

刘备和诸葛亮都是英雄,正如文中提到的,刘备托孤的时候蜀国先是丢地,又是大败,甚至君主也即将过世,从古至今,在这种情况下国家不发生内乱的没有几个。刘备托孤一是对诸葛亮能力的绝对信任，二是也只有他一人能应付当时的局势，而绝非什么权谋之术。反过来说，如果是权谋之术，在当时的环境下，只会进一步刺激诸葛亮反叛的思想，作为一代枭雄，刘备不可能不懂得当中的危险。

雷

我还年轻的时候玩过《轩辕剑外传：云之遥》的游戏，里面一个观点把我惊呆了，就是诸葛亮每次北伐目标都是长安，但走的路线都是舍近求远往凉州方向打。其实诸葛亮的真实意图是夺取凉州，形成隆中对 2.0 版，及坐拥益州和凉州，以凉州战马扩充军力，再待曹魏有事，诸葛亮带主力出益州，遣一上将军出凉州，对北方形成新的包夹之势。虽然是一个游戏，但我觉得有理。

超级大黄蜂

蜀国粉丝的几大神逻辑，以攻代守是其一，汉贼不两立的情怀是其二，以一州之力伐九州是其三。只有一个视角看历史，不可窥其全貌。诸葛亮时代北伐是真的有优势，并不是为了防守或知其不可为而为之的作死进攻，以诸葛亮之谨慎，每一步必有计划。就算不能进取关中，割据凉州还是可以的。253 年开始的姜维才是真正的作死进攻，曹魏新得燕国 60 万人口，毌丘俭屠了高句丽以后，北方再无后患，曹魏可专心举兵对付南方。公孙渊本可举兵七八万，曹魏又以五六万兵力防备他，这些部队一旦扯下来，荆州、雍州、扬州三线可平均增兵三万到四万，若非配合着孙吴几次攻势，蜀汉的进攻简直微不足道。若非接连政变，曹魏伐蜀的时间不会相隔 19 年。

编后语

永安托孤,是诸葛亮后半生的转折点。一方面,诸葛亮从此登上了蜀汉权力的巅峰,使自己的才能得到了充分的施展;另一方面,繁重的政务、军务过早地耗尽了他的生命,留下"出师未捷身先死,长使英雄泪满襟"的千古遗憾。

刘备托孤之时,君臣双方的心态,历来是史家争论的焦点。自古至今大致有两种观点:一种认为刘备对诸葛亮推心置腹,胸襟坦荡,以诚意感召诸葛亮;另一种则认为刘备心怀诡诈,对诸葛亮暗存猜忌,逼他发下重誓。

《三国志》的作者陈寿显然是持前一种观点的,他在《先主传》末尾这样评论:"先主之弘毅宽厚,知人待士,盖有高祖之风,英雄之器焉。及其举国托孤于诸葛亮,而心神无贰,诚君臣之至公,古今之盛轨也。"陈寿认为,托孤时君臣之间并无二心,堪称楷模。这是史学界最正统的一种观点。

最先对刘备托孤提出批评的是东晋史学家孙盛,《三国志》裴松之注中引述了孙盛的观点:

备之命亮,乱孰甚焉!世或有谓备欲以固委付之诚,且以一蜀人之志。君子曰，不然；苟所寄忠贤，则不须若斯之诲，如非其人，不宜启篡逆之涂。是以古之顾命，必贻话言；诡伪之辞，非托孤之谓。幸值刘禅暗弱，无猜险之性，诸葛威略，足以检卫异端，故使异同之心无由自起耳。不然，殆生疑隙不逞之衅。谓之为权，不亦惑哉！

孙盛认为，刘备托孤时耍了手腕，想要以此试探诸葛亮，但是这点手腕耍得实在是不高明。因为托孤关键是选对人，如果选的是忠良，则用不着这样试探；如果选的是野心家，反而会开启他篡逆的途径。幸好刘禅不是雄猜之主，诸葛亮的威望也足够高，才没有出乱子。

与孙盛观点相似的，还有乾隆帝。弘历在《通鉴辑览》中这样评论："昭烈于亮，平日以鱼水自喻。亮之忠贞，岂不深知？受遗时何至作此猜疑语？三国人情以谲诈相尚，鄙哉！"大抵帝王心术，总是爱从阴暗面揣度别人的心思。

近代学者卢弼在《三国志集解》中对孙盛的观点提出了异议：

> 昭烈睹嗣子之不肖，虑成业之倾败，发愤授贤，亦情之所出，何疑为伪乎？先主于孔明投分，何如于临终反欲以诈牢笼之乎？且岂不度孔明之为人与？以诈牢笼，何若诚感，而愿舍此就彼乎？盖实有所感于中，不觉言之如是。

卢弼的意思是，当时蜀汉政权正处于危急存亡的关头，而刘禅又暗弱无能，能够担起重任的，唯有诸葛亮。到这个时候还要对诸葛亮耍心机，有意义吗？况且刘备知道孔明的为人，与其耍那种能被人一眼看穿的小心机，倒不如以诚相待。

事实上，卢弼的观点是较为公允的，元朝史学家胡三省、清代学者赵翼也都对刘备托孤表示赞许，认为其动机"明白洞达"，是"真性情之流露"。

或许阴谋论者忽略了永安托孤时特定的形势：夷陵之战前，关羽兵败身死，丢失荆州，张飞被部下杀害，黄忠、法正等心腹重臣也纷纷去世；夷陵之战后，蜀汉几乎输光了元气，正如诸葛亮在出师表中所言："今天下三分，益州疲弊，此诚危急存亡之秋也。"

而即将接手这个烂摊子的人，是太子刘禅。抛开刘禅的能力不论，他当时只有16岁，年纪轻、资历浅、威望不足以服众。而蜀汉政权内部派系复杂，既有刘备带入巴蜀的荆州集团，也有刘焉、刘璋父子留下的东州派系，还有益州本地的世族。如果处理不当，可能会引发大规模内乱。

况且刘禅的对手，是时年41岁的孙权和34岁的曹丕，二人无论从年龄、阅历、能力等方面比较，都远远强于刘禅。

此时刘备唯一的办法，只有全权委托诸葛亮，并且拉拢东州派系的首领李严联合辅政。在这种情形下，刘备只能对诸葛亮推心置腹，劝他"如其不才，君可自取"，除此之外，刘备别无选择。所以，永安托孤绝非简单的君臣之情或帝王心术所能解释，而是特定历史条件下的特定历史事件。

关羽的爱情

在关羽乞娶杜氏这个微不足道的八卦中,陈寿和裴松之将恩怨给了关羽,将豁达给了曹操,将隐忍给了刘备,将无奈给了秦宜禄。

建安，一个不安的年号。
三年（198）冬，
曹刘联军围吕布于下邳。
我决定告诉曹操，
攻下下邳后，我想要那个女人。

关羽的爱情

俗话说得好,有"备"无患,所以大哥我来找小弟你了。望小弟能够收留俺。

吕布

那是三年前
(195,兴平二年),
输光了家底的吕布,
跑到徐州来撒野。
大哥刘备隐忍不发,
而我向来不喜欢别人骑在头上。

云长你好!

嗯……

只是因为在人群中多看了你一眼……

就在我不想迁就的时候,
吕布令诸妇向大哥行礼。
娥娥红粉中,
有一双纤纤素手
护着一个孩子。
随着我的目光上扬,
一张惊艳岁月的脸
浮现在我面前。

以前，
我以为一刹那很快就会过去，
原来是可以很长的。
我不知道这种感觉是对是错，
因为我是一个有家室的人，
而她，也该是罗敷有夫。

好白菜都让佩奇……

对不起，在一起这么多年，没能给你生下一儿半女的。

夫人别乱想。

婚姻于人，
如人饮水，冷暖自知。
吾妻无子，
依《礼记》七出之义，
无子可出。
但在这个奄忽若飙尘的乱世，
谁又能狠下心来
抛弃一路走来的良人？

关羽的爱情

哎,你好,怎么那么巧……

故而,虽说我很喜欢那个女人,
但是我不想让她知道。
不久,我装作不经意地打听到了,
她是吕布麾下将领
秦宜禄之妻——杜氏。

三姓家奴,休逃。

啊!被大耳贼给盯上了。

她没有说什么,
我也没有再说什么,
站了一会,
各自走开了。
后来,
大哥刘备和吕布彻底闹翻,
我再也没有见过她。

秦宜禄

茕茕白兔,
东走西顾。
衣不如新,
人不如故。

再后来,隐约听说,
吕布派秦宜禄出使淮南袁术,
袁术将汉宗室之女许给了秦宜禄。
难道她成了一个弃妇?

加思索

人的烦恼就是记性太好，
你越想忘掉一个人时，
就越会记得她。
三年了，我决定迈出那一步。

单久了，看见老母猪也觉得眉清目秀。

大哥别冲动，猪可杀，不可辱啊！

立归公

I NEED AV。

横在我面前的，有两个坎。
一是自黄巾之乱以来，
兵连祸结，人丁凋敝，
今世妇女少，不得擅自纳妾。
二是败军妇孺属战利品，
战利品归公，
我没有分配的权限。

曹爷，记得把杜氏给我哦！

知道了。

曹爷，一定记住杜氏要给我哦！

一定，一定。

攻下下邳后，
如果想要纳杜氏，
得请示大将军曹操。
好在曹操爽快应允了。
当战马奔驰到城门下，
出于对曹操的不信任，
我再一次逼他做出承诺。

曹爷，曹爷！

是云长啊，啥事呀？

攻下下邳后，杜氏千万要给我呀！

不要再说了，我懂。

关羽的爱情

"天作之合,哈哈哈哈。"

谁知曹操反悔了,
见到杜氏的那一刻,
他毫不犹豫出手,捷足先登,
将杜氏据为己有。

这不是曹操的第一次了。
一年前(197,建安二年),
曹操南征宛城,张绣率众投降。
曹操纳了张绣的婶婶邹夫人,
张绣愤而反抗,
杀死了曹操的长子、侄子和爱将典韦。

"曹公……我尽力了。"

典韦

爱是一道光,如此美妙……

"曹贼,明年的今日就是你的祭日。"

才一年的光景,
曹操就忘了他的子侄
和爱将是怎么死的吗?
总有机会要让他付出代价。
一年后（199,建安四年）
大哥刘备与曹操围猎许田,
我向大哥提了个建议。

"为了天下,别轻举妄动。"

或许是顾虑无法全身而退,
或许是对曹操惺惺相惜,
大哥刘备还是这么隐忍,
阻止了心生杀意的我。

关羽的爱情

今天下英雄,唯使君与操耳。本初之徒,不足数也。

我胆小,听到打雷,吓到筷子都掉了。

损色~

不久,曹操与大哥刘备
煮酒论英雄,
大哥心惊,筷箸掉落。
暗忖曹操难容自己,
遂与董承等人同谋反曹。

我乃中山靖王之后,
汉景帝之玄孙,

曹操托名
汉相,实
为汉贼。

恰逢曹操派大哥刘备
截杀袁术,
谁知袁术于途中病死,
大哥便杀死曹操委任的
徐州刺史,
趁机在下邳举兵。

刘皇叔,刘皇叔,兴复汉室,摆除奸凶!

张益德，你想谋逆吗？

秦宜禄

此后，我留守下邳，
大哥和三弟张飞回小沛。
多年以后，我才知道，
三弟在回小沛的路上
把杜氏的前夫秦宜禄杀了。

曹操抢了你的老婆，你竟然还为他卖命，世上居然有你这种没血性的人！

关羽的爱情

呃,要想生活过得去,就得头上带点绿……

死了算了。

噗!

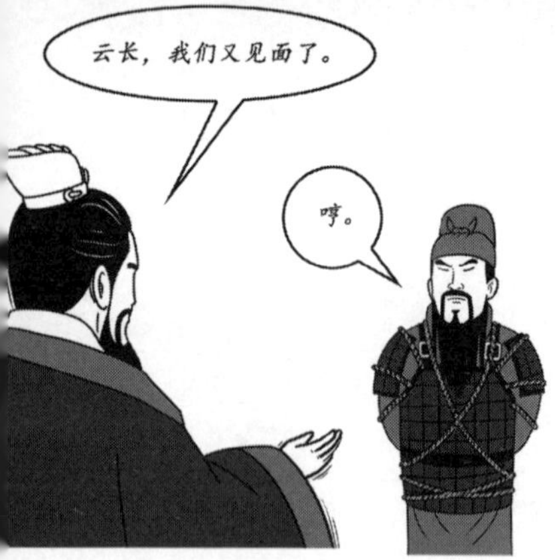

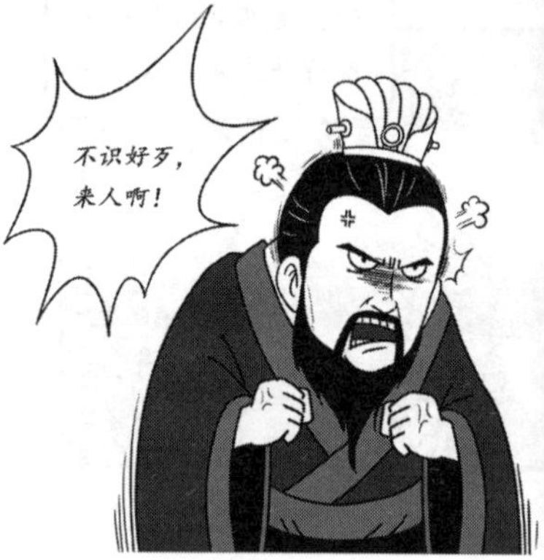

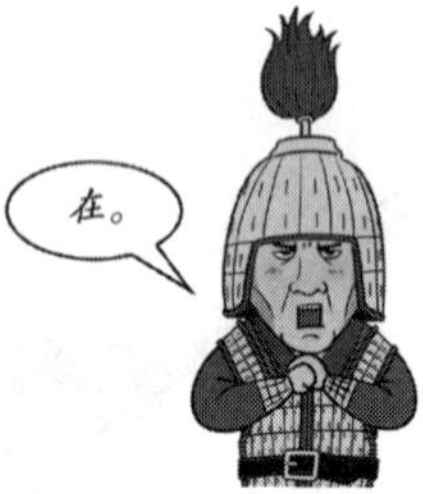

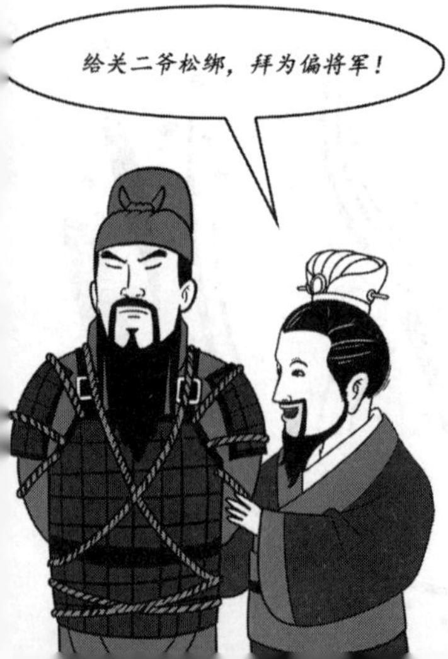

建安五年（200）春，
曹操亲征小沛，
大哥刘备和三弟张飞逃往青州，
我兵败力竭被俘。

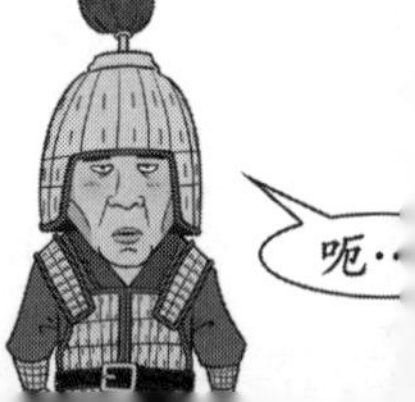

矮小猥琐的曹操
在那一刻压制了自己的愤怒,
并没有杀我,
还待我以上宾之礼。
我一直不明白这是为什么。

曹操隔三差五遣人试探我,
是否诚心实意留在曹营。
我总是很坦率地表达,
绝不负大哥刘备厚恩。

在云长身上,我看到了理想中的自己——伟岸、忠诚、勇武、纯粹。

云长,留下来吧,以后我们兄弟俩一起为曹公打天下。

文远,我知道曹公待我厚,然我受刘将军厚恩,誓以共死,不可背之。

张辽

关羽

在这个世上,
还有谁比我
更宠爱假子?

只要孩子过得好,
什么都无所谓了。

说到杜氏,
不知道她过得怎么样,
听说曹操对她儿子很不错。
尽管我亦身在许都,
但从来没见过她一面。
或许,她跟着曹操,
在这个乱世中,
是一个不错的归宿。

建安五年(200),
袁绍遣大将颜良进攻
白马(今滑县东北)。
曹操采纳荀攸之计,
佯装渡河去袭击袁绍后方,
准备乘袁绍分兵应战之机,
再以轻装部队回袭白马。

袁本初围攻白马,
诸位有何良策?

围魏救赵。

曹操

关羽的爱情

"好快的……刀。"

袁绍不知是计,
果然派出部分军队
往延津应战。
这时候,
曹操让我突袭白马,
我以迅雷不及掩耳之势,
斩杀颜良于万马军中。

解了白马之围后,
曹操上书献帝,
请封我为"汉寿亭侯"。

"关羽是个什么样的人,值得你对他这么好?要知道你五年前才袭封费亭侯。"

"值得!这是一个我想要做却不可能做到的人,是一个我想动摇却动摇不了的人。"

曹操

汉献帝

报!关将军不辞而别。

唉,让他去吧。

云长啊,我倾尽所有,也留不住你的心。

其实,我并不在意这些。
斩颜良算是报答了
曹操的礼遇之恩。
把赏赐给我的东西封存好,
我单枪匹马直奔冀州的袁绍营中,
去找大哥刘备和三弟张飞。

有些人看见一座山,
就想知道山后面是什么。
我很想告诉他,
可能翻过去山后面,
他会发觉没有什么特别,
回头看会觉得这边更好。

大哥!三弟!

二弟!三弟!

大哥!二哥!

刘琮

我投降，投降输一半。

此后，我随大哥刘备辗转各地，
对抗曹操。
建安七年（202），
大哥刘备投靠刘表，
屯兵于新野。
六年后，曹操大军南下荆州，
刘表次子刘琮举州投降。

吾乃石家庄赵子龙！

赵云

驻守樊城的大哥刘备
无力抗曹，
不战而走，
路过襄阳时，
城中十余万百姓
自发跟随。
在当阳长坂坡，
被曹纯的五千虎豹骑追上，
幸而有子龙断后。

如果当初在许田杀了曹操,不知道后来会怎么样。

当时不杀曹操,为了天下;如今对抗曹操,也是为了天下。

大哥刘备率数十人南逃,
我率百艘船驶至
汉津(今湖北荆门),
与大哥等人会合后,
一同乘船至
夏口(今湖北武汉)。

十年过去,
我还遗憾当年没有刺杀曹操。
曹操夺娶杜氏之辱依旧念念不忘。
我知道大哥心中考量的是天下,
而我,不知道当时的冲动,
是不是因为那个女人。

哎,你好,怎么这么巧……

> 从前初识这世间，万般流连，
> 看着天边似在眼前，也甘愿
> 赴汤蹈火去走它一遍。

> 唱了，自己人！

关羽的爱情

不久，孙刘联军在赤壁
大败曹军。
我率军向南收回荆南四郡
（长沙、零陵、武陵、桂阳）。
由此受封襄阳太守、
荡寇将军。

水淹七军

为襄阳太守，
实襄阳一直在
军手中。
一直想收复襄阳。
安二十四年（219），
会来了，
年秋，
水泛滥，水淹七军，
乘机率军围攻襄樊，
于禁，斩庞德。

那一刻，逼得曹操差点迁都；
那一刻，蜀国差点打开了
北伐的大门；
那一刻，
我也许会想起 21 年前，
花开正盛的杜氏，
差一点就成了我的夫人。

读者有话说

Azzurri

　　北部尉时期的魏武，衙门立五色杀威棒，还把违反宵禁治安条例的灵帝佞幸小黄门蹇硕叔父给打死，俨然一副西汉法家酷吏状。京城士大夫宦官外戚都无法忍受。没多久就被洛阳权贵联合推荐并调赴外任为顿丘令。

　　关羽轻士大夫的作风，或许和晚期魏武有精神共鸣处。但就理想抱负而言，乃萤烛与日月争辉耳。

活不明白

　　说关羽应该答应孙权求亲的简直没有一点政治意识。独守一方的大将与周边的半敌半友的政权领导人和亲，你让鸡怎么想、鸭怎么想、大鹅怎么想、刘备怎么想？是嫌自己的权势大，还是命长，或者认为刘备的刀不够快还没留后手？孙权真愿意求亲，该找刘备，让刘备来指定亲事，哪怕是关羽自己去报告刘备孙权求亲也是找死，你问了就表明了你的态度。政治是残酷的，不是请客吃饭，不是小孩过家家！

李张飞

　　每个人心里都藏着一个英雄，但大都活成了秦宜禄。

逆火·狼

　　自古总把关羽称为忠义的化身，其实关羽从来不忠，只义。皇帝是谁根本不重要，降汉不降曹却叛汉而去。只有大哥说了算，无论刘备是卖草鞋，还是寄人篱下，还是称帝。

chenx

汉朝的制式兵器，长兵是矛和戟，短兵是汉刀和八面汉剑，偃月刀宋朝才有。关羽应该是长兵用矛，短兵配汉刀。矛刺良，刀取首级。

吕布用的长兵也是矛，和郭汜 pk 时就用矛扎人大腿。

文兴发

又是一位被民间过度美化、夸大的人物。不可否认关羽的忠诚、勇猛，但其品格实在没有传说的那么好，甚至可以说有较大缺陷。他不懂得以国家战略为重，意气用事、目中无人，手下的糜芳、傅士仁关键时刻都弃他而去，这些都为他的最终结局埋下了种子。

LEO

越看三国正史越觉得关二爷可以称得上三国前第一将了，领步军马军皆可，一个北方人最后还能统领水军。有三国唯一斩敌首而还的记录，治军也不错，名将不过如此了吧！南北朝第一名将檀道济的两个儿子被喻为关羽、张飞那样的猛将，可见古人也认可关二爷的能力。

七月

官官的思路很新颖啊。狠辣猜忍的曹孟德，能崇遇关云长若此，只因为这个忠肝义胆、磊落纯粹的人，是他理想中自己此生的样子吧。年少时你想成为什么人，现在你又成了什么模样。

忽地想起老男孩的歌词："当初的愿望实现了吗？事到如今只好祭奠吗？任岁月风干理想，再也找不回真的我。"

愿我们不做曹操。愿我们活成关羽。

编后语

关于关羽的婚恋，因不关乎义例，以清简见称的《三国志》不载。但钩索时人的志记，亦可发现一些端倪。裴松之注《三国志·蜀书·关羽传》引《蜀记》曰：

> 曹公与刘备围吕布于下邳，关羽启公，布使秦宜禄行求救，乞娶其妻，公许之。临破，又屡启于公。公疑其有异色，先遣迎看，因自留之，羽心不自安。此说与魏氏春秋无异也。

此事又见裴松之注《三国志·魏书·明帝纪》引《献帝传》曰：

> 朗父名宜禄，为吕布使诣袁术，术妻以汉宗室女。其前妻杜氏留下邳。布之被围，关羽屡请于太祖，求以杜氏为妻，太祖疑其有色，及城陷，太祖见之，乃自纳之。

东晋常璩的《华阳国志》亦有所载，《华阳国志·卷六·刘先主志》曰：

> 初，羽随先主从公围吕布于濮阳，时秦宜禄为吕布求救于张杨。羽启公："妻无子，下城，乞纳宜禄妻。"公许之。及至城门，复白。公疑其有异色，自纳之。

关羽向曹操乞娶秦宜禄之妻杜氏一事，《蜀记》《魏氏春秋》《献帝传》《华阳国志》均有所载，可见此事在当时流布甚广。四书所记内容差不多，唯《华阳国志》多了一句"妻无子"。即便关羽当时早已婚娶，乞娶杜氏应该也能得到曹操的理解，《礼记·昏义》曰：

> 昏礼者，将合二姓之好，上以事宗庙，而下以继后世也，故君子重之。

在汉末的历史语境中，合二姓之好的婚姻有两个很现实的功用：一是事宗庙，二是继后世。这也是那个时代的"爱情"的含义，有别于我们当下男女个体因性情相投而结合的爱恋。"妻无子"的事实，给了关羽纳杜氏的理由。关羽之所以选杜氏，一是杜氏有"异色"，这是出于雄性的本能；二是杜氏膝下有一儿，说明她能生育，可以给自己"继后世"。这表明，关羽很可能早就认识杜氏。

那么，关羽是什么时候初识杜氏的呢？史书虽不见明载，但细读《三国志》，可推断出两人应该是在刘备与吕布相聚时相识的。刘备与吕布有过两次短暂的相聚。第一次是兴平二年（195），吕布杀了董卓后，走投无路，跑到了刘备这里，"令妇向拜，酌酒饮食"，吕布把自己的妻妾都叫出来向刘备行礼，其情颇为热络。第二次是建安元年（196），刘备为袁术所败，困顿至极，向吕布求和，吕布将刘备的妻子归还给他，刘备回到小沛。

杜氏作为吕布麾下将领秦宜禄的妻室，应该就是在刘备与吕布两次短聚时被关羽注意到的,由于史料阙如,二人在此期间有何前缘,不得而知。漫画中讲述二人相识的过程,化用了张爱玲的小说《爱》中的场景,虽只是文学加工,但关羽在兴平二年或建安元年见过杜氏,则是确切无疑的。

关羽为什么要向曹操乞请杜氏呢?这个涉及曹刘两军联合的性质。曹操与刘备联军合围吕布于下邳,是建安三年(198)冬的事。当时,刘备寄曹操篱下,虽说不完全听命于曹操,但两军联合进行军事行动,曹操无疑是最高统帅。战役结束后,大家分享胜利果实,得由曹操来分配,关羽战前预定战利品,需征求曹操的同意。

关羽对曹操的不信任,并非因为曹操不是一个赏罚分明的统帅,而是源于曹操好人妻的癖好。后来关羽担心的事还是发生了,曹操并没有吸取一年前强纳张绣的婶婶导致子亡将死的教训,再次强夺杜氏。这对矜尚自许的关羽而言,无疑是一种羞辱。羞辱源自两个层面:一是夺娶之恨,二是轻视之耻。

关羽的反应,是寻机杀曹雪耻。《蜀记》载:

> 初,刘备在许,与曹公共猎。猎中,众散,羽劝备杀公,备不从。及在夏口,飘飘江渚,羽怒曰:"往日猎中,若从羽言,可无今日之困。"备曰:"是时亦为国家惜之耳;若天道辅正,安知此不为福邪!"

《华阳国志》载:

> 后先主与公猎,羽欲于猎中杀公。先主为天下惜,不听。故羽常怀惧。

"许田围猎"应该是建安四年(199)的事。这一年,袁绍灭了白马将军公孙瓒，占据冀青幽并四州，正准备谋攻曹操，时人皆以袁绍是未来之主，曹操麾下诸人都与袁绍写信暗通款曲。关羽在许田围猎中意欲暗杀曹操的举动，完全可以排除是"为汉室攘除奸凶"这一后人臆断。实际上，建安四年，献帝与曹操的关系还很和谐（衣带诏事件不可考），曹操初露野望，是在建安十一年（206），一举除汉八国。由此可以推断，关羽此举的目的是为了洗刷曹操夺娶杜氏之耻。

关羽刺曹的举动被刘备劝阻，《蜀记》和《华阳国志》记载的理由差不多——为国家（天下）惜。此处甚为难解，我们给出两种解读：一是以刘备的眼光，在建安四年就看出了曹操将会是最后统一北方的人，关羽暗杀了曹操，无疑将置黎庶于水火之中；二是刘备自诩中山靖王之后，当有自己的一片天地，如果关羽在曹操的地盘许都杀了曹操，自己的家小都得陪葬。无论哪种解释，都体现了刘备作为一个草根出身的政治家的隐忍。

被刘备劝阻后，关羽的反应是"常怀惧"，差点因为一人的荣辱而坏了天下大事。建安四年的许田围猎，在女人与天下之间，关羽选择了后者。难道曹操的夺娶杜氏之恨就不报了吗？事情还没有完。

许田围猎不久后，发生了两件事：一是曹操与刘备煮酒论英雄，令刘备觉得曹操对他产生了警觉；二是董承拉刘备参与真假难辨的衣带诏事件。这两件事让刘备对曹操产生了隔阂，促使刘备自立门户。

在刘备自立门户的过程中，发生了一件与杜氏有关的事，她的原配丈夫秦宜禄被张飞杀了。裴松之注《三国志·魏书·明帝纪》引《献帝传》曰：

> 宜禄归降，以为铚长。及刘备走小沛，张飞随之，过谓宜禄曰："人取汝妻，而为之长，乃茕茕若是邪！随我去乎？"宜禄从之数里，悔欲还，飞杀之。

秦宜禄在吕布战败后，投降曹操，任铚县县长。铚县大概在今安徽省淮北市濉溪县临涣镇，而下邳和小沛都在今天江苏徐州，三者的所在地连接起来，呈三角结构。刘备从下邳去小沛，为什么要绕道铚县？由此而言，《献帝传》所载存疑。不过，这段史料对秦宜禄心态的刻画却颇为真实，裴松之注《三国志·魏书·吕布传》引《英雄记》曰：

> 布谓太祖曰："布待诸将厚也，诸将临急皆叛布耳。"太祖曰："卿背妻，爱诸将妇，何以为厚？"布默然。

建安三年冬，曹刘联军围攻下邳三个月后，决水围城。吕布军中上下离心，其部下纷纷反叛，吕布见大势已去，于十二月下城投降。吕布被捆到曹操面前，甩锅给部下，曹操打脸说吕布你与下属的妻妾私通，还好意思说别人背叛你。《英雄记》的作者是建安七子之一的王粲，此书可信度较高。有异色的杜氏极可能遭到过吕布的凌辱，而秦宜禄当时未见发作，可见秦宜禄确实是张飞所说的那种"老实人"（虿虿若是），由此可勘《献帝传》所载之事。

秦宜禄作为乱世中的一个小人物，也挺无奈的，妻子先是被上司吕布凌辱，后又被曹操强夺。好在曹操还算厚道，给了他一个县长的职位，本来秦宜禄就打算这么过下去，被张飞揭露内心隐痛后，一时心血来潮想跟着反曹，才数里路的时间又反悔，结果被张飞一刀了却残生。如果秦宜禄真投靠了刘备集团，他的稚儿秦朗在曹操那里会怎么样？这是他——也是一个父亲不敢去赌的。

此外，张飞对秦宜禄容忍曹操强夺杜氏表示不满，如果娶杜氏的是关羽，不知张飞会如何想。无论如何，强娶一个有夫之妇，会招致时人的微词。或许，裴松之此条小注寓春秋褒贬，含蓄地表现了张飞对关羽乞娶杜氏的微妙态度，以写张飞之正。

刘备自立门户不久后，曹操便亲自东征刘备，刘备集团战败，关羽被擒。当时关羽在下邳，刘备和张飞在小沛。从关羽降曹而事后没有遭到世人的指摘来看，当时关羽应该不知道刘备和张飞率部逃到青州袁谭那里去了，完全失去刘备的消息，失去了效忠对象，是以降操。

曹操于关羽而言，有夺娶之辱，轻视之恨，但这次曹操却出乎意料地没有以败军之将对关羽，反而待以上宾之礼。这对关羽而言，颇为尴尬，之前夺娶杜氏的耻辱还没有洗涮，曹操又施之恩遇。有战国之士遗风的关羽，选择了先报恩。不久，袁绍派大将颜良、淳于琼等攻东郡白马，曹操遣张辽、关羽迎战。关羽望见颜良的麾盖，策马冲锋，刺死颜良于万军之中，袁军无人能挡。白马之围被解，关羽被曹操上表封为汉寿亭侯。

别小看了汉寿亭侯这个封号，要知道建安二年典韦为救曹操献出自己的生命，一直到曹操死后曹丕即王位，才被赐爵关内侯。关内侯只是一个虚爵，没有食邑，而亭侯是实打实的；再者典韦是曹氏赐爵，而关羽是汉献帝封的，前者是野路子，后者是正规军。可以说，曹操对关羽有一种异乎寻常的爱。

当曹操感觉到关羽并无久留之意后，派张辽去打探。关羽如实相告，要去找刘备。关羽之忠义自不待言，此处还值得一说的，是张辽与关羽的友情以及张辽的忠义。裴松之注《三国志·蜀书·关羽传》引《傅子》曰：

> 辽欲白太祖，恐太祖杀羽，不白，非事君之道，乃叹曰："公，君父也；羽，兄弟耳。"遂白之。太祖曰："事君不忘其本，天下义士也。度何时能去？"辽曰："羽受公恩，必立效报公而后去也。"

即使千年以后，张辽与关羽的友情也令人动容。或许正因为他们同是忠义之士，所以才会惺惺相惜吧。

建安五年（200），关羽得知刘备还活着的消息后，尽封曹操所赐，拜书而别，奔寻刘备而去。曹操麾下的人想去追拦，曹操说："彼各为其主，勿追也。"北宋诗人唐庚读《三国志》读到这里，忍不住点赞说，关羽先报曹操礼遇之恩，再去寻刘备，已经超越了战国之士；曹操不强留关羽，能成羽之忠，已经超越了战国之君，犹有先王遗风。直接把关羽封神，把曹操比作传说中的尧舜。唐庚的评论有其洞见，但忽视了曹操对关羽异乎寻常的偏爱，这一点后面再说。

关羽不辞而去，与曹操一别经年。直到八年后，两人才再度发生关联。建安十三年（208），曹操率领大军南下讨荆州，屯兵于新野的刘备南逃，遣关羽乘数百艘船驶向江陵会合，但刘备于途中当阳长坂坡被曹军追至，幸而关羽驶至汉津（今湖北荆门），一同乘船至夏口（今湖北武汉）。在船上，关羽含蓄地向刘备提起当年曹操夺娶杜氏之辱，裴松之注《三国志·蜀书·关羽传》引《蜀记》曰：

及在夏口，飘飘江渚，羽怒曰："往日猎中，若从羽言，可无今日之困。"备曰："是时亦为国家惜之耳；若天道辅正，安知此不为福邪！"

清代学人何焯读《三国志》评论说："《蜀记》语多浅妄，恐不足信。"与何焯所见不同，窃以为此条小注中关羽的表现很符合他的性格。关羽是一个矜尚自诩之人，不受人恩，不容人辱。曹操的礼遇之恩他已经报了，但曹操夺娶杜氏之辱一直没有洗刷，念念在怀也是情理之中的事。

建安二十四年（219）秋，关羽围攻襄樊，擒于禁，斩庞德，威震华夏，曹操议徙许都以避其锋。诚然，关羽攻襄樊是出于蜀汉的战略考虑：一是为了谋求荆州领土的完整，二是为隆中对中"将荆州之军以向宛、洛"这一北伐路线创造条件。此时的关羽也早已再婚，作为荆州之主，不缺有异色的女人。但作为一个矜尚的人,无论时间多么久远,有恩报恩,有耻雪耻,都是他永恒不变的信条。

仿佛是一种宿命,了却与曹操的恩怨后,关羽便败走麦城。裴松之注《三国志·蜀书·关羽传》引《吴历》曰:"权送羽首于曹公,以诸侯礼葬其尸骸。"

面对这个他曾经倾尽所有想挽留而无法挽留的男人的意外死亡,曹操并没有表现出丝毫欣喜,而是"以诸侯礼葬其尸骸"。在波谲云诡的乱世,曹操为什么要对敌对阵营的关羽这么好?《三国志》中一条奇怪的裴注或许透露出一二。《三国志·魏书·武帝纪》载:"(二十四年)冬十月,军还洛阳。(《曹瞒传》曰:王更修治北部尉廨,令过于旧。)孙权遣使上书,以讨关羽自效。王自洛阳南征羽……"

建安二十四年(219)冬十月,与刘备争夺汉中失败的曹操,已六十有五,风尘仆仆奔到洛阳,准备南征关羽。裴松之在这里莫名其妙地注了一句"王更修治北部尉廨,令过于旧",这一句注与正文的语脉有什么隐秘的关联吗?我们可以抓住"北部尉廨"和"关羽"两个关键词来解读。

卢弼在《〈三国志〉集解》中,在裴注的后面又补了一句"洛阳北部尉,见卷首"。循着卢弼的提示,我们可以找到《三国志·魏书·武帝纪》卷首这句话:"(曹操)年二十,举孝廉为郎,除洛阳北部尉……"

原来北部尉是曹操出仕的第一个官,那一年,曹操20岁。20岁对于曹操来说,是一个关键的人生节点。而曹操的内心转变大概有三个节点:

1. 熹平三年(174),20岁的曹操被举为孝廉,不久被任命为洛阳北部尉。20岁以前,曹操是个典型的官二代,整天与纨绔子弟飞鹰走马;但到了20岁举孝廉、做了洛阳北部尉后,突然变成了汉室的骨鲠之臣。

2. 中平六年(189),董卓入京,执掌朝政,35岁的曹操逃出洛阳回归乡里,途中误杀吕伯奢。在这之前,曹操杀的都是不法豪强,他问心无愧;在此之后，曹操沾染了无辜者的鲜血，再也不能说自己一身清白了。

3. 建安十七年（212），58岁的曹操欲晋爵国公、加封九锡，为此隐诛患难与共的荀彧。在此之前，曹操是匡扶汉室的大臣；在此之后，曹操已经明确表露出代汉的野心。

从不学无术的浪荡子弟，到志在匡国的热血青年，到"宁我负人，毋人负我"的心累中年，再到"托名汉相，实为汉贼"的老年，曹操的心路大概经历了这样一个过程。建安二十四年（219）冬十月，已经晋封魏王、离代汉只有一步之遥的曹操在南征关羽的途中路过洛阳，特意下令修缮洛阳北部尉的官署，并要求修得比过去要好。至此，我们或许可以一窥裴松之这条莫名其妙的注，是关羽让曹操想起了年轻时的那个纯粹的自己吗？！

那时的曹操蔑视权贵，横扫豪强，痛陈时弊，但很快就遭到了社会的毒打，不得以辞官隐居。再度复出没多久，汉室已是"侯非侯，王非王，千乘万骑上北芒"了，他的初心——死后在墓碑刻上"汉故征西将军曹侯之墓"永远无法实现了。但关羽不一样，一生都很纯粹——勇猛、忠诚、高尚，永远的汉寿亭侯。或许在曹操心中，关羽是一个他理想中的自己。

65岁的魏王曹操，在南征关羽途中，看到了自己初任洛阳北部尉的官署，想起20岁那年的热血和单纯，尽管如今的他运筹帷幄，权倾汉室，却有种难言的怅然。于是，有了初遇关羽时那句欣赏溢于言表的话，"曹公壮羽为人"；有了关羽离别时那句苍凉而大气的话，"彼各为其主，勿追也"；有了关羽死后那不喜反而若失的举措，"以诸侯礼葬其尸骸"。

在关羽乞娶杜氏这个微不足道的八卦和其瓜蔓中，陈寿和裴松之将恩怨分明给了关羽，将豁达给了曹操，将隐忍给了刘备，将忠义两难给了张辽，将正直给了张飞，唯独将无奈给了秦宜禄，而秦宜禄这种小人物的遭遇与结局又是大部分人在乱世中的宿命。

张飞的文化

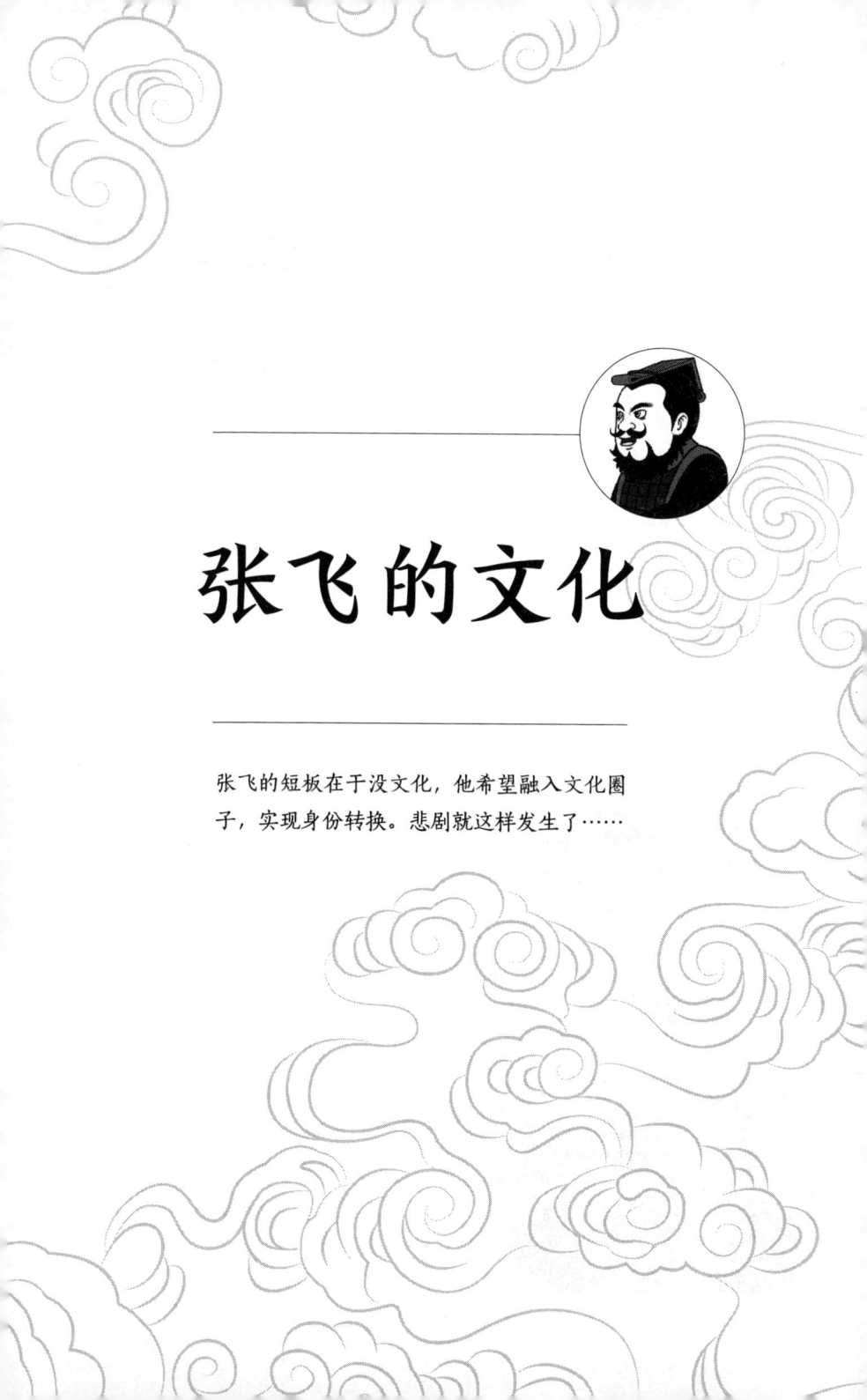

张飞的短板在于没文化,他希望融入文化圈子,实现身份转换。悲剧就这样发生了……

三国心灵史

章武元年（221）六月，
"夷陵之战"拉开了帷幕。
当季汉的兵马向东吴踏进之时，
我——万人敌张飞，
却在阆中永远停下了脚步。

何人害俺？！

噗！

武夫

三将军走好啊！

快，再补几下！

范强

张达

看着麾下张达、
范强的脸上
露出凶蛮和粗鲁，
我鄙视，厌烦。
在最后一刻，我明白了，
无论心中多么不想承认，
我也和他们一样，是一介武夫。

张飞的文化

虽说在三国乱世，
可以靠勇武吃饭，
但没有文化仍然是我内心的隐痛。
没有文化，只能看着别人舌灿莲花，
而我能胜过他人的，只有音量。

关某虽一介武夫，亦颇知忠义二字，正所谓择木之禽得其良木，择主之臣得遇明主，关某平生之愿足矣。

俺也一样。

某誓与兄患难与共，终身相伴，生死相随！

俺也一样。

有违此言，天人共怒之！

俺也一样。

三弟，接下来你先说吧！

嗯……礼……成。

一开始,我以为只要足够强,
就会让所有人刮目相看,
于是跟随着两位哥哥,
从涿县创业,
据徐州,破吕布,
最终,在当阳的倒流桥上,
我登上了一个武将的巅峰。

当阳桥上的那一声吼,
吼破了曹军的胆,
也吼出了我一生的高光时刻。
从那以后,
我成为天下闻名的
"万人敌"。

吾乃燕人张翼德也,谁敢与之决一死战?

张飞的文化

（张飞、关羽与刘备俱起，爪牙腹心之臣，而武人也。晓得诸葛亮，因以为佐相。——袁准）

因为骁勇善战，
我一路高歌猛进，
从一开始的无名小卒，
很快成为征虏将军，
受封新亭侯，
可在一片赞美声中，
仍夹杂着几句看似无意的评价，
像针一般扎在我的心上。

没文化，
吃亏是实实在在的。
我们三兄弟的创业之路，
之所以在前期举步维艰，
不是因为不能打，
也不是因为人心散，
而是因为——

资深HR提醒你：
职业规划做得水
来回跳槽跑断腿

（俺看你们就是瞎胡闹。——徐庶）

十几年间,
我们辗转在曹操、袁绍、刘表等
各大势力间。
因为没有清晰的战略规划,
我们一次次受挫,
正当我们开始感叹世事无常的时候,
那个命中注定的人,
出现了!

二弟,三弟!卧龙先生加我啦!

诸葛亮与大哥一番畅谈,
定下了三分天下的大计。
他口若悬河,谋略如神,
他的身上,
处处散发着士的气息。

隆中对

久闻先生大名……

别说了,我都懂!

刘备　诸葛亮

张飞的文化

"二弟,你是不是在想女人?"

"大哥你好讨厌。人家也就见过几面……"

"是不是秦家媳妇?你的内容我也有看过……"

渐渐的,
我发现大哥他变了。
从前,
大哥对我们这两个弟弟,
寝则同床,
恩若兄弟…

"孤之有孔明,犹鱼之有水也。大哥我以仁义服人,三弟切不可乱想……"

可如今,大哥拉着诸葛亮
每天有聊不完的话题,
我与二哥酸了几句,
大哥却对我们说:

大哥心里有别人，不要紧。
我还是他的小老弟
可是因为没文化，
我居然坑了大哥！
那是一次看似普通的离别，
大哥带兵抵抗袁绍，
让我守下邳…

但我缺乏谋略，
也不懂驭人之道，
和下邳相曹豹起了争执，
一时生气，
没考虑太多，
把曹豹给杀了。

张飞的文化

> 一家子就要整整齐齐，可惜少了刘备。

一时间，下邳人心大乱，
与曹豹同为陶谦旧部的许耽叛变，
勾结吕布，打开丹阳城门，
里应外合，人心散乱，
下邳城很快便被吕布攻陷，
连刘备大哥的妻小都被吕布擒获。

吃了这些亏，
我深深感受到，
光有一腔血勇，
没有文化加持，
难免是一介匹夫。

**没文化
真可怕**

> 老匹夫,要么降,要么死!

> 少废话!我这只有断头将军,没有投降将军。

严颜

张飞

此后,我凡事三思而行。建安十八年(213),大哥西取益州、我与诸葛亮等领荆州兵入川增援、军至江州、生擒巴郡太守严颜。

> 来人啦!

给严老将军松绑!

张飞的文化

严颜拒降的豪气感动了我，
我将其引为上宾。
更重要的是，
巴郡初定，
人心浮动，
需要安抚好刘璋的旧臣。

> 严府君视死如归，豪气冲云霄，小弟实在佩服、敬仰、崇拜、迷恋……

> 轻点……疼。

没文化不代表不会拍马屁。
——张飞

> 今天能拿到这个奖,首先我想感谢一下皇叔刘备刘玄德我大哥……

平定了益州后,
我获赐金五百斤、
银千斤、
钱五千万、
锦千匹,
领巴西郡太守。

在巴西任太守的我,
决定亲近文化人。
为此,我制定了一个周密的作战方案,
我管这个方案叫——
"知识付睡"。
我的目光落在了一个人身上,
这个人叫刘巴。

天下高士刘巴

刘巴 字子初

张飞的文化

运筹策于帷幄之中,吾不如子初(刘巴)远矣!

者葛亮

这个选择,是深思熟虑的结果。
一方面,刘巴当时任左将军西曹掾,
官职没我大,不好拒绝我。
另一方面,刘巴特别有文化
因为才名远扬,
就连诸葛亮谈起刘巴的才干,
都要实名吹爆。

刘巴,我想跟你困觉!

刘巴

来到了刘巴的住处,
那一刻,
没文化曾给我带来的
伤心、落寞、挫折,
化作了我脱口而出的一句话——

正如我所料,刘巴没有拒绝。
我在他的住处留到深夜,
我甚至和他合宿了一整晚,
而他自始至终,
没有说一个"不"字。
事实上,他没有说任何一个字。

你是刘巴
还是
哑巴!

张飞的文化

我很生气,
这样的安静对我来说是
一种侮辱。
不过没关系,我,万人敌,
还会制服不了一个刘巴吗?
一个愤怒的转身过后,
我又想到了一个办法。

> 军师,刘巴再不配合,我就和你睡。

诸葛亮微微点头,
接下了说客工作。
我认为以诸葛亮的能力,
一定能够说服刘巴,
与我彻夜长谈。
没想到,
这成了我人生中
最屈辱的一场对话。

> 张飞虽然的确是个没文化的武夫,但他是主公的兄弟,你多少给点面子吧。

> 我要结交英雄,才不跟粗人说话。

诸葛亮 刘巴

孙权：哈哈哈哈，如果刘巴为了讨好刘备而跟张飞结交，那就不叫高士了。

我愤怒，不甘。
世上怎有如此傲慢无礼之徒？
相信无论任何人听说这件事，
都会毫不犹豫地站在我这边，
但是舆论又一次扇了我的脸。

那一刻，我懂了。
无论我多么努力地
融入文化圈，
只要我一日是武夫，
就永远不会成为士人中的一员。

武夫！
没文化
头脑简单，
四肢发达！
大老
naï

张飞的文化

你居然敢说你和我是一伙儿的！

我痛恨自己的武夫标签，
粗暴地对待手下的武人，
在我身边服侍的健儿，
几乎都被我鞭打、虐待过。

我本以为，
只要不懈努力，
总有一天，
我会像东吴的吕蒙一般，
被文化圈认可。
所以即使刘备大哥劝我
不要鞭打身边的健儿，
我仍然无动于衷。

你这黑厮……

那是一个月黑风高的夜晚,
大哥出兵伐吴,
要给枉死的二哥报仇,
根据指令,
我应该从阆中出发,
前往江州。
正当临行前夜,
曾被我虐待的张达、范强
突然叛变,
我的头颅,
成了他们投奔孙权的投名状。

其实人这一生,
总要追求点什么,
在这乱世之中,
有人求财,有人求权,有人求名。
而我,不过是无数痴人中的一个,
今生我是没有文化的莽张飞,
下辈子,我只想做个文化人。

编后语

文化真是一件非常薛定谔的事情,特别是当它和张飞这个名字联系到一起的时候。

在文艺作品里,张飞那样的暴躁,那样的莽撞,那样的直率,在充斥着背叛、算计、无耻的三国故事中,坚定地可爱着。

而在真实的历史之中,张飞肯定没有文艺作品塑造的那么天真浅薄,毕竟,三国不是真的武将回合制卡牌游戏,一个完全不具备分析、管理、应对能力的人,怎么可能带兵取得如此战功呢?

我认为张飞的短板,和刘备创业团队的问题是一致的。反应快,人心齐,小计谋也有,一场两场可以打,打了也可能赢,但是大战略上不够高远。就好像不少公司拉着员工 996,干得天昏地暗,一时间可能会有些成效,但是长期战略没搞明白,仍然危机重重。

所以诸葛亮、庞统这一类擅长开地图的谋士,正是刘备最需要的,刘备自己也说了,就好像鱼遇到了水。

从这一点就能看出刘备是个很懂语言力量的人,他也曾经说了很多看似漂亮的话,比如他会跟孙权夸周瑜,说周瑜太厉害了,当个臣子真是委屈他了。

刘备特别爱夸人，身边的谋士谁没捞到刘备两句夸奖，那是混得实在太惨了。但会说话会夸人的刘备，到了张飞这里，好像突然变了个脸，时不时教训一下、苛责一下，什么鱼啊水的，很少放张飞身上。

张飞死了以后，刘备也没有立马痛哭晕倒，或者写个万字哀悼，刘备就说了一句话："噫，飞死矣。"

如果给刘备嘴里说出来的肺腑之言排个序，这句话一定能进前十，这里面包含的难过劲儿，不比扑地晕倒少。

所以张飞到底是个什么样的人呢？

勇猛是必须的，要不也不会去据水断桥了。

暴躁也是肯定的，否则也不会弄死了曹豹。

而对于刘备来说，张飞最重要的特点，是忠诚。

能打仗，还忠诚，在刘备这里就足够了。

从刘备的一些反应里面就能看出来张飞的特殊地位，比如刘巴不肯跟张飞聊天，还说张飞是"兵子"，《零陵先贤传》里专门拎出来了刘备的反应："孤欲定天下，而子初专乱之。其欲还北，假道于此，岂欲成孤事邪？"

翻译一下就是：你不好好干活，心里是不是还想着北边某个姓曹的呢？

这么重的话，刘备轻易不会说出口，因为大家心知肚明，一旦旧账翻起来，没几个能过关的。刘备是个很懂语言艺术的男人，如果只是回护一下张飞，绝不会这么口不择言，所以刘备这是动了真火气。

这一出就相当于：你骂张飞就是骂我，哦不，比骂我还让我生气。

正因为是刘备自己人，再加上骁勇善战，张飞的待遇相当不错，不仅自己官职高，就连张飞的两个女儿，都先后当了刘禅的皇后。

一听皇后不少人眼睛亮了：后宫！美人！

紧接着脑洞就大开了：女儿这么漂亮，那么爸爸应该也是个白面帅哥吧！

于是很多人开始沿着这个不靠谱的思路，塑了一个三国乱世翩翩张公子，明朝有人甚至在著作中表示，张飞还擅长画画，擅长书法，擅长写作文……

这可能就是古代的标题党。

想象总是好的，但是没有任何证据能够证明张飞当时的文化水平高，相反，从史书中的蛛丝马迹中，我们可以看出来两点：

1. 当时的文化人不承认张飞的文化修养。
2. 张飞喜欢拉拢君子，鞭打健儿。

这更像是一个希望融入文化圈子的人在做的身份转换。

至于有没有转换成功，我倾向于否定的答案。

但正因如此，张飞也多了一丝"人味"，他不仅仅是个一门心思向上冲的莽汉，他也有他的追求，有他的迷茫失落，有他的笨拙争取，我们甚至能够想象出当他离开刘巴的房间时，因屈辱抿紧嘴角的表情。

顺便说一句，刘巴这事做得是真绝，绝到我都怀疑他是故意的。

毕竟张飞是刘备的人，折辱了张飞，就代表天下高士是不怕大老板的清高员工。

可惜刘巴没活到今天，他没有亲眼见证一个道理：

清高员工，都被公司花式裁员了。

贾诩的救赎

贾诩建言,大半出于自保,未能预料到可怕的后果。从他日后做出的一系列补救措施——挑选旧臣、救助献帝等,可见端倪。

公元192年春，
一个令人震惊的事件发生了——
我的老板、凉州集团大BOSS董卓
被亲信吕布刺杀了！

董贼祸国殃民,将军当为民除害。

东汉·司徒·王允

吕布

这样不好,我乃义子,怎能对义父下手?

你姓吕,奸贼姓董,并非骨肉亲情,况且他现在众叛亲离,你难道还认贼作父吗?

这不是吕布第一次弑主了。先前他杀害旧主丁原投靠董卓,如今又因私通婢女心怀恐惧,被王允伺机拉拢,再次叛主。

升你做将军

有道理!就这么定了!

董卓残暴，民众积怨已久。
他的尸体被点了天灯，
彻夜照亮长安城的夜空。
三族被夷，亲信被洗，
九十岁的老母亲都未能存活。

令人惊讶的是，
大名士蔡邕只因一声叹息，
居然也被王允杀害。
蔡邕是被强召入朝的，
虽受礼遇，但并未作恶，
下场却是这样……

当场火化

蔡邕之死让我感到
一丝彻骨的寒意——
无辜之人都惨遭毒手，
作为贾谊之后、
凉州集团一员的我，
岂不是要被——

趁还活着，我赶紧闭眼回忆往事。
早年间，家族迁居武威，
融入当地，自然成为凉州集团一员。
不过这个凉州，让人一言难尽……
地处偏远，羌胡杂居，
民风彪悍，崇尚武力。
受朝中关东那些贵族的排斥，
这片区域的官员很难高升。

回想起我年少时，
籍籍无名，
循着官场路径，
举孝廉，为郎官。
凉州出身，
这辈子也许就混个小官。
后来我因病去世，啊不，
因病去职，
途遇一伙叛乱的氐族人，
急中生智捡回一条小命。

谁知凉州人的春天来得突然。
袁绍撺掇大将军何进，
召董卓进京欲铲除宦官。
没想到武夫董卓
不甘于做别人的刀，
反客为主施计引兵控制了洛阳。
杀少帝，立献帝，纵兵劫掠，
后来干脆一把火烧了洛阳，
迁都长安。

贾诩的救赎

凉州人跟着出头了。
我入了董卓太尉府做掾属，
火箭升迁平津都尉、讨虏校尉，
并辅助其女婿治军。
董卓被刺后，女婿逃亡被杀，
城外凉州兵混乱无主，
纷纷请求赦免。

"好汉饶命！"
"我不叫好汉！"
"啥意思？"

王允

东汉·校尉李傕

"我的意思是，一年之内不得再赦免了！"

李傕、郭汜很绝望，
却毫无办法，
欲各自归乡作鸟兽散。
我见势不对——
蔡邕都被杀了，
凉州人还有活路吗？
求生欲让我再次急中生智，
来到军中，劝说他们不要放弃。

"你们完蛋了！
长安正在商议杀光凉州人，
大家若弃众单行，
一亭长就可以抓了你们。"

贾诩

"不如一起攻入长安，
为董公报仇。
如成功，则掌控天下；
不成功，再走也不迟。"

"我去！拼了！
爱拼才会赢！"

郭汜　李傕

"抢点东西回去也行啊！"

凉州兵迅速聚集，
昼夜行军。
王允派出军队阻击，
不料阻击部队反戈，
与凉州兵一起
合围长安。

激烈的攻防战进行了十日，
长安城池坚固，无法被攻破，
不想吕布的老兵做了内应，
打开城门，将李傕引入城中，
吕布战败，匆匆出逃。

贾诩的救赎

陛下，保重！

汉献帝

王允

王允带着献帝
登上宣平城门，
围困无奈，
为保献帝性命，
下楼去见李傕。

后李傕逮捕王允
及其党羽并处以极刑。
王允被杀后弃之于市，
其家族十余口也被屠杀。
长安老少，闻之泪泣。

这是一个什么世道……

"老天爷，饶了我吧！"

董卓尸重新入殓，
与妻合葬于生前修筑的郿坞城堡。
下葬当日，雷电大作，暴雨倾注，
棺椁漂浮久久不能入穴。

李傕、郭汜、樊稠三人
掌控京畿，
升坛拜将，开府封侯，
典选官员，专擅朝政，
从底层一跃攀上了
权力的顶峰。

"你这么优秀，
就封你个铲史官吧！"

"嗯~
我本来就是。"

关东贵族们当然不肯罢休,
公推朱俊讨伐长安,
我给李傕出了一个主意,
轻轻化解了此事。

用朝廷的名义,
下旨征朱俊入朝,
群龙无首,
自然就散了。
(贾诩声音)

666~
这是啥馊主意?
不过,
我喜欢……
嘻嘻嘻。
(李傕声音)

长安

朱俊

就是,我有一点担心,
朱俊会奉旨而来吗?

朱俊倒是来了。
但是，
事态的发展很快超出我的意料，
凉州军团野蛮成性，滥杀报复，
官员、民众死者上万，
长安又经历了一次
洛阳的地狱惨剧。

我这是引进的什么魔鬼啊！

天呐！

贾诩

贾诩的救赎

"老乡，借人头一用，领个军功！"

他们手握大权，
却毫无治国头脑，
攻城拔寨，放兵劫掠，
三辅地区原有居民几十万户，
两年间十室九空，
人竞相食。

十几岁的献帝于心不忍，
开放太仓，熬粥施舍，
数日后，满街仍是饿殍。
献帝疑有猫腻，亲自坐镇。

献帝煮粥图

"米豆五升，可熬粥满满三盂。猫腻挺大啊。"

为了赈济灾民,
献帝又下诏卖马百匹,
发放御府的上万库存布匹,
不料,却被李傕半路拦截。

哟呵,陛下怎么知道我们正好缺布?

这不是……

不是什么?!

没什么……

别废话,统统拉到军营去!

给你封个侯吧?

我不过是救命之计,有啥子功劳?

那做尚书仆射吧?

贾诩

李傕

这是官员师长,天下榜样,我的名望不够,不能服众啊!

面对如此乱象,我内心复杂。
虽然我被封为
掌握京畿三辅之一的左冯翊,
他们还要给我封侯,授尚书仆射。
犯下如此大错,
我哪里还敢贪功?

后来我做了尚书,
掌管人才选拔,
我尽量挑选旧日忠臣以弥补过失。
凉州军阀们既亲近我,
又忌惮我。

没多久,
这三人展开了内斗模式。
樊稠被杀,
李傕、郭汜又互相攻击。
李傕找我商量,
想把献帝抢先置入营中,
这不是要把天子当人质吗?
我苦心劝阻,
他却听不进去。

李傕

走,
带你去看个宝贝儿。

嗯~又来了……
以前董先生也这么跟我讲过,
下场却不太美妙。

汉献帝

此处不可久留,你为何还不走?

我深受国恩,
义不可弃。
你走吧,
我不能!

张绣

贾诩

李傕强行接献帝出宫,
掠夺物质后,
一把火烧了宫殿。
长安大乱,
武威同乡张绣劝我离开,
我当然也嗅到了
危险的气息,
但此时的我,
决定留下来。

士大夫的道义和责任感,
是我脱口而出的理由。
但我心里明白——
今日之祸,
不都是因我的一言而引发的吗?

我必须……

贾诩

为当初的行为做出补救!

天子在吗?
李将军许诺的宫廷美女,
在不在这里?

汉献帝

局势越来越乱。
为了攻打郭汜,
李傕召来羌胡数千人。
先赠与御府布匹,
又许以宫中妇女。
羌胡人于是多次
上门找献帝要人。

献帝找我应对,
我秘召羌胡人,
一顿胡吃海喝,
许以封爵重宝,
方才心满意足地离去。

羌胡人

听说有好吃的

三国编乎
与大汉帝国分享你刚编的故事

话题:娶个皇帝的老婆是什么样的体验?

用户:李傕

谢邀,人在关东地区,刚下马,偶遇汉少帝遗孀唐姬。俺正在向其求婚,稍后更新。

李傕遣兵攻打关东,
抢到了汉少帝遗孀唐姬。
李傕欲娶之为妻,
唐姬性情刚烈,
抵死不从。

> 吓死宝宝了!

唐姬

我见状告知献帝。
献帝感泣,
接唐姬入后花园,
持节拜为弘农王妃,
方才断了李傕的念头。

李傕、郭汜恶斗数月,
死伤无数,
献帝和大臣战战兢兢,
居无定所。
后来两人议和,
献帝提出东归洛阳。
出了长安,
李傕就醒悔了。

> 世界如此美好,
> 皇上你往哪里跑?

李傕

汉献帝

> 世界那么大,
> 我想去看看!

贾诩的救赎

"不要玩这么大,想想董先生的棺材。"

"再说这些都是天子的大臣,你何必呢?"

追兵打败了王师,
欲杀司徒、太常、卫尉等大臣,
他们素来与李傕不合。
我站出来阻止了这场血案。

献帝终于逃离长安,
我也赶紧辞官上还印绶,
离开这是非之地,
投奔驻屯在华阴的段煨。

"听说段煨修农事、不掳掠,我过去找他了。陛下还请多多保重!"

"Whatever 了。"

陛下总算略为安全了。
后来的岁月，
我又转投张绣、曹操。
凭借我精准的谋略，
助曹操
败袁绍、收关中、立霸业；
助曹丕
斗曹植，成功上位。
我获封太尉尊职，
到达职业顶峰。

蓦然回首

往事如烟矣

人到晚年,
我韬光养晦,异常低调。
因为我自知凉州出身,
终非曹操嫡系。
何况,
我心底始终埋藏着那段
长安岁月。
人生的大错,
已然无法追悔。

庆幸的是,
在人生最重要的
那个岔路口,
我选择了留下来。

我不是救赎他人,
是在救赎我自己。

读者有话说

赤焰子

  曹公统一北方之后，郭嘉离世，曹公恸哭，非为丧一谋士而已，实乃丧一知己。郭嘉献策只为曹公统一天下而谋，非为汉室而谋，这也就是郭嘉和荀彧最大的区别。他们两人其实都才识超绝、胆略过人，难分伯仲，曹公比荀彧为子房，对郭嘉的评价更是极高，曾言"能让我统一天下的必定是此人！"而唯有此颗对汉室的心不同。世人都知隆中对，孔明刘备乃千古不遇之君臣，却不知曹公奉孝才是真实的千古君臣知己。隆中对或系伪作，而曹公与郭嘉乃是真实。郭嘉死后曹公三泣，郭嘉死后，荀彧离心，而后曹公下荆州，不战而降，志得意满，以为天下唾手可得，遂发动赤壁之战，欲一战而定乾坤。当时贾诩曾谏言，曹公当偃武修文，不要急于求成，可曹公骄傲不听，程昱、荀攸亦不敢复谏。而后曹公作《短歌行》，师旷谏言，曹公当场赐死，荀攸、程昱见状，更是三缄其口，而后赤壁战败，曹公泪泣：若奉孝在此，孤何至于此！

张东旭

  读三国不下二三十遍，个人觉得贾诩的智商和情商都很高。司徒王允不赦免李傕、郭汜，贾诩一句话即可搅动天下大乱。李郭二贼为非作歹，贾诩又能挑动李郭内乱保护汉献帝，虽为首恶集团成员，却能全身而退。曹操强娶张济之妻、张绣之婶母，贾诩略施小计，孟德长子曹昂、侄子曹安民、大将典韦都殒命沙场。前后两次打败曹操，在降曹之后仍然是智囊团，曹丕、曹植争储，贾诩一句"无他，思刘景升父子尔"就彻底把曹丕扶上世子之位，不得不说一个字——"服"。

张大夫没跟我说吴家窑搬走了呀！

我认为，贾诩给李傕、郭汜出主意，王允是要负一定责任的。大乱之后应该求稳，但是王允有一种"卧薪尝胆后变态了"的"我先痛快痛快吧"的小家子气的行事风格。

虽然我们说汉室衰微是大势，但是总感觉在除掉董卓这个节点上，汉臣这一派都大意了，觉得董卓死了就OK了。谁都没明白，现在天下诸侯，有实力，皇帝谁都做得这个事儿。如果能谨慎行事，天下大事未可知也。

贾诩这人没有孔明吸粉儿的原因在于他没有那种远大的政治理想，并没有做到"鞠躬尽瘁，死而后已"。但是你要让我选，我也选贾诩……孔明之所以被后人膜拜，在于他的行为甚至可以神格化。但我等皆凡人，能混口饭吃就不错了。

如临在渊

贾诩是我纵贯三国最佩服的一个人。为自己化险为夷不算什么，基本上他所侍奉之人都化险为夷过。他做人有分寸，看出问题要害后，还有完整可行的解决方案。而平时也恪守本分，不多言分外之事。最后跟了好领导曹操，才真正发挥了他的价值。而且四大谋士，他善终还高寿，绝对是谋士中的楷模。讲真，诸葛亮有擅权专政之嫌，荀彧最后居然硬刚曹操。对于绝大多数普通人，贾诩才是一位值得参照的标杆。

大鱼海棠

贾诩感觉像个穿越者，拥有现代人的思维，完全就是个现代职业经理人。先安身立命然后再谈理想抱负，临危不惧有急智，高瞻远瞩重细节，一次次跳槽，又一次次混得如鱼得水，真是现代职场的典范。

编后语

陈寿在《三国志》中，将贾诩与荀彧、荀攸叔侄合为类传，排在文臣之首。

如此编选，当然不无道理。这三人均是曹魏的顶级谋士，运筹帷幄，决胜千里，均为当世一流。但是，三人的政治理想、人品高下，显然有别。为此，南朝史学家裴松之在《三国志》注解中提出了批评：

> 诩不编程、郭之篇，而与二荀并列，失其类矣。且攸、诩之为人，其犹夜光之与蒸烛乎！其照虽均，质则异焉。

在裴松之看来，二荀与贾诩的人品，就像夜光与蒸烛，不可同日而语。

荀彧、荀攸叔侄，一生将智谋用于经国安邦，几乎不考虑私利，行事原则性极强。荀彧反对曹操称公谋汉，晚年以身殉节；荀攸谋刺董卓失败，无惧生死，坦然入狱。二人以其"清雅通识"与"王佐之风"，赢得生前身后名。

"算无遗策，经达权变"的贾诩，则终生为了私利而算计，缺乏远大的政治理想。二荀的智谋"正大"，近于道；贾诩的智谋"偏小"，流于术。道术相异，境界有别。正道之人，志存高远；谋术之人，易失原则。

作为三国争议较大的人物，后世对贾诩的批评，集中在他频繁的跳槽行为，以及祸乱长安之大罪。以现代价值观来看，忠于一家一姓的忠君思想显得过时迂腐。即便在当时，汉室衰微，群雄并起，贾诩也只是频繁跳槽中的谋士一员。乱世安身立命、智者择明主而栖，是大众理解的行为，算不上人品硬伤。但是，为了自救而引发灾乱，则是贾诩一生都无法洗刷的人生污点。人可以利己，但为之损人，甚至危害苍生，则超出了道德底线。

贾诩建言时，泰半是出于自保，未能预料日后引发的可怕后果。从他日后做出的一系列补救措施，如挑选旧臣、救助献帝、保护大臣等，可见端倪。当他再一次立于危墙之下，没有像之前那样，本能地只考虑利己。

《后汉书·献帝记》载："张绣谓诩曰：'此中不可久处，君胡不去？'，贾诩答曰：'吾受国恩，义不可背。卿自行，我不能也。'"

这也许是贾诩一生中难得的人性闪光时刻。良知未泯，善念尚存。毕竟他是读书人，是贾谊后人。

谋事做人的边界在哪里，聪明如贾诩，清楚地知道。他未能追求二荀那样的境界，也不愿突破原则底线。多次跳槽，却从未叛主，每一次都能处理好前后任的关系，甚至连被祸害过的献帝君臣，都对他心存感念。

对于贾诩，你也许痛恨，也许同情。我们中的大多数人，可能不会面临那样的处境，一言以兴邦、一言以乱邦。但生而为人，我们又何尝不是时刻面临着选择与考验，甚至可能游走在道德边缘，最终修炼成一个精致的利己主义者呢？

魏延的情商

魏延的悲剧在于一个出身低微的人很有才华，但总是恃才傲物，与同事的关系处得很僵，最后被大家联手坑了。

哎呀，流星！

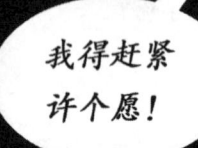

我得赶紧许个愿！

魏延的情商

"魏将军,丞相陨落了。"

丞相司马 费祎

"啊!"

建兴十二年(234)八月,
秋风萧瑟,
渭水之南的五丈原,
清冷的月光落在营地里。
丞相司马费祎跑到营帐和我说,
丞相走了。

听到这个消息,
我有种不好的预感。
丞相事必躬亲,积劳成疾,
时日无多本是意料中事,
然而我作为征西大将军,
却不是第一个知道的人。

"安排府中的亲属和官员发丧还葬。"

"丞相有遗言。"

"说。"

"撤军。"

费祎说,
丞相临终前曾秘密与
长史（后勤总管）杨仪、
护军姜维,
还有他一起商议后事,
身殁之后秘不发丧,
大军回撤,我和姜维断后。

我死之后,立即撤军,魏延和姜维断后。

丞相吉人天相,切勿作此言。

诸葛亮

费祎

杨仪

姜维

如果魏将军不从命呢？

不用管他。

魏延的情商

"怎能受杨仪这厮摆布!"

丞相虽然身亡,
还有我这个征西大将军呢,
怎能因一人身死而废北伐大业?
再说,北伐中原是丞相的未竟之志,
撤军之说会不会是杨仪在捣鬼?

说起杨仪,我们结怨已久。
我因出身低微,知士卒疾苦,
向来对他们很好,
但对将军和官僚
从不假以辞色。

"甭废话!"

"魏将军,您还是歇会儿吧?"

汉中北瞰关中,南蔽巴蜀。

若非张将军,他人难以胜任。

就连张飞也让我三分。
建安二十四年(219),
主上刘备选大将以镇汉中,
时人皆认为张飞
应当担任汉中太守,
张飞也觉得这个位置
非自己莫属。

但是刘备却意外地提拔我
为汉中都督、汉中太守,
并将我从牙门将军升为
镇远将军。
全军上下听闻此事
一片震惊。

万万没想到,啦啦啦啦啦……

委任你这个重任,你打算说点什么吗?

如果曹操举倾国之力前来,我请求为大王挡住他,如果是一偏将率十万大军前来,我请求为大王吞并他。

魏延

魏延的情商

刘备听后感到十分满意,
群臣也为这番话称赞我豪雄。
张飞虽然没说什么,
但内心一定不舒服。

三将军,别这样,别这样……

哈哈哈哈，酒乃粮食精，越喝越年轻！

朝廷尽养一些酒囊饭袋。

刘琰

建兴十年（232），车骑将军刘琰仗着和先主刘备是宗亲，居然来招惹我，后来被我逼得向丞相写信道歉。

注①：《三国志·魏延传》载，"以部曲随先主入蜀"，部曲即私家奴仆。

本将军小酌，轮得上奴仆①来说三道四吗？

废物，等着丞相回来收拾你吧。

魏延的情商

官僚们知道我的性子,
平时都躲得远远的,
"当时皆避下之"。

唯独后勤总管杨仪
"不假借"（对着干），
每次开会,
我俩都争论不休。
我照例拔出刀来指着他,
他照例泣涕横集,
然后费祎照例来调停。

来，签个字。

魏将军，这个杨仪是个书呆子！这么着吧，我回去给杨仪做做工作，让杨仪听将军的，好不好？

好。

丞相临危，不招我受命，
而招三个官阶和爵位
都比我低的人，
这很难让人信服。
我决定通知三军，
继续北伐，
并要求费祎手书文告，
然后两人共同署名。

费祎出了大营之门，跳上马，
掉头疾驰。
一看情形有异，
我派亲信去打探，
发现各营正依次引兵撤退。

报！大将军，杨长史宣布丞相遗令，率大军回撤了！

魏延的情商

竖子坏我北伐大业！

好，你撤我也撤。
于是我率大军抢在
杨仪的前面往南撤，
走一路烧一路，
把栈道毁了，
一路往回撤，
来到了南谷口。

杨仪一看我先走了，
而且把栈道也烧了。
便带着部队也往回撤，
然后赶快砍山上的树，
再搭栈道。

安全第一

> 恭请陛下圣裁：长史杨仪
> 私自撤兵，毁兴复大业，
> 按律当斩。臣魏延上。

刘禅

决不能让杨仪把大军撤回，
坏北伐中原、兴复汉室的大业，
我决定上书朝廷告他谋反。

几天后，等来了丞相长史蒋琬
和陛下的宿卫营（禁卫军）。
我以为终于可以结束了，
谁知道事情的发展
并非我想要的样子。

> 文长，先主待你不薄，
> 你为何图谋叛逆？

> 公琰何出此言？

蒋琬

魏延的情商

魏延告杨仪谋反，杨仪告魏延谋反，他俩到底谁反了？诸位爱卿说说看。

蒋琬
刘禅
董允

陛下，杨仪没有这个能力，魏延有。

陛下，臣敢担保，杨仪是不会谋反的，魏延就不好说了。

原来，杨仪也上书告我谋反。
"一日之中，羽檄交至"，
两封奏疏同时送到了成都。

难道心无旁骛，
一意北伐，
竟然落到这个结果？
这令我想起了
前不久的那个梦，
梦到了头上生角。

赵星官，梦见自己头上生角，主何吉凶？

麒麟有角但它不用角，这是不战敌人自破的征兆。

蜀汉官方占梦者
赵直

三国心灵史

难道赵直解梦的说辞,
只是一种美言,
他为什么又要骗我?

角这个字,刀下加用,
头上用刀,这是很可
怕的凶象!

为什么不和魏将军直说?

他这个暴脾气,
我哪敢啊!

魏延你这个庸奴,你知道
你最大的弱点是什么吗?
狂妄自大,目中无人!

杨仪你这个"牧竖小人",
明年的今日就是你的祭日。

赵直骗我,费祎骗我,
为什么所有人都在骗我?
我决定去成都,
到陛下殿前解释清楚。
这个时候杨仪率大军
来到了南谷口。

以我在军中的威望,
杀杨仪易如反掌,
正当我准备下令交战的时候,
昔日的下属王平站了出来。

撤军是丞相遗命,丞相刚刚去世,尸骨未寒,你们就这样。

讨寇将军 王平

"司马懿,你又中了我们丞相之计了。"

祸不单行,
杨仪又说了件让我军心涣散的事,
原来大军后撤遭到司马懿的追击,
幸亏断后的姜维用计吓退。

"又中了孔明的奸计,快撤!"

司马懿

我的士卒一听,
一哄而散。

"大将军,对不住了,我们的老小都在成都。"

魏延的情商

杨仪：别以为军中没人敢拦你。

一定要去成都，
到陛下面前解释清楚，
我决定带着几个亲信往南逃。

到了汉中的时候,
被马岱率部追上了。

大将军,束手就擒吧。

马岱

马岱,你不是我的对手,别逼我。

大将军如果反抗,就真坐实了谋逆之名。

忠心耿耿，一意北伐，
为何会落到如此下场？
我似乎明白了，
很多事情不是光凭能力
就能解决的。

无情！

在那一刻，
我想起了
建兴六年（228）春，
第一次北伐时的光景，
我向丞相请精兵五千，
直从褒中出，
循秦岭而东，
当子午而北，
奇袭长安。

读者有话说

杰

　　我是特别喜欢魏延的，虽然无论是初次接触《三国演义》，还是后来去找正史史书，着墨并不多的这个汉子，始终让我铭记着那句"就职演讲"："若曹操举天下而来，请为大王拒之，偏将十万之众至，请为大王吞之。"子午谷奇谋也逐渐被历史证明，确实成功率比诸葛亮预计的要高，草包子弟夏侯楙确实是被火速召回。如果说明亡于万历、毁于崇焕之死，那么恐怕也可以对着蜀中无大将的背景说，蜀亡于夷陵兵败、毁于魏延之死吧。

马超

　　刘备拔魏延于汉中，魏延回馈刘备的不仅是守汉中的誓言。诸葛北伐，魏延献子午计，魏延长于行伍，岂能不知此计之险？若行此计，堵上的是魏延的身家性命和一生荣耀，但魏延还是献了。诸葛星陨，魏延仗剑帅帐谓众将：岂以一人死而废天下事？孤掌难鸣，烧栈道以逼大军北上。如此种种，还不是为报先主知遇之恩？知遇之恩以死相报者，蜀中除了丞相还有一汉中太守南郑侯。

表里如一

　　虽然我很喜欢魏延这样的人，也认为魏延很有能力，但是我认为子午谷奇谋是一个真真正正的冒险！几无胜算！

　　因为，在火器发明之前，攻城的难度超出我们的想象，在兵力不占绝对优势的情况下，依靠云梯之类的攻城器具（既然是奇袭，加之道路崎岖难行，魏延所率五千人也不可能携带过多的攻城器具），想攻破西汉建都之地坚固的长安城,绝非易事。

诸葛亮以十万大军进攻只有几千人防守的陈仓城,数月而未能下,自己伤亡惨重!马超二十万大军进攻钟繇数万军队防守的长安,也是十几天未能攻下!魏延以区区五千兵力进攻曹魏精心布防的西京长安城(防守兵力绝不会少于一万人),而且第一次北伐时,曹魏内部又没有什么动乱,魏延的胜算能有多大?

白焱

魏延会不会是被刘备的破格提拔给害了?年少得志,目中无物,缺了几分磨炼。刘备在时,还有个敬仰的对象;刘备不在了,就变成了喂不熟的狼。

这种喂不熟的人,结合他严重的以自我为中心的行事风格,做起事来会很可怕。在他看来,杨仪阻止了北伐,所以要除掉杨仪。如果北伐失败了,下次出兵有人阻挠,那就再除掉阻挠的人。因为北伐是毋庸置疑的正确。

这种人,如果留下来,恐怕就是蜀国的诸葛恪。

三多

都在说子午谷奇谋,但是战争不是单纯靠打赢某一场。魏延的计划即便能一举攻到长安附近,又能怎样?且不说长安是否能在他疲惫之师、孤军深入后轻易拿下。一旦陷入拉锯,后方靠什么支援?曹魏的根基也根本不在长安关中了,占据了又如何能守?蜀汉的人力物力财力都已经不足以支持了。魏延的计谋太过用险而回报率太低,诸葛亮谨慎之人当然不会采纳。若是在蜀汉早期,这计谋倒是上策。可惜魏延终究是晚生了几年,出身太卑微,在那个讲究门第的年代,白白浪费了将才。

编后语

关于魏延是否谋反,史家已经说得很明确了。《三国志·蜀书·魏延传》载:

> 原延意不北降魏而南还者,但欲除杀仪等。平日诸将素不同,冀时论必当以代亮。本指如此。不便背叛。

《资治通鉴》卷七十二"魏纪四"载:

> 始,延欲杀仪等,冀时论以己代诸葛辅政,故不北降魏而南还击仪,实无反意也。

无论是陈寿还是司马光,都认为魏延并无反意。要造反无非两条路,第一条是向北投降曹魏,第二条是自立为王。魏延既没有投降,也不可能傻到靠手头这点兵力自立。所以造反的说法,确实牵强。

但魏延死后又一直背着谋逆的罪名,直到蜀汉覆亡都没有平反。这是为什么呢?《三国志·蜀书·魏延传》载:

延、仪各相表叛逆，一日之中，羽檄交至。后主以问侍中董允、留府长史蒋琬，琬、允咸保仪疑延。

建兴十二年（234）秋，诸葛亮病死五丈原。魏延和杨仪争相上书，称对方谋反，双方的上书同一天到达成都。后主刘禅无法判断，便问侍中董允、留府长史蒋琬的意见，蒋琬和董允选择了"保仪疑延"。

"保仪疑延"这四个字很值得玩味，一是杨仪无谋反的能力，而魏延有。杨仪不过是一丞相长史，相当于现在的国务院秘书长，在当时主要负责后勤，诸葛亮多次出军，都是杨仪制订规划，筹措粮草。一个搞后勤的，顶多是贪污，要说他谋反，就不太可能了。而魏延不一样，早在建兴八年（230），魏延就是前军师、征西大将军，而且被授予假节，晋封为南郑侯，在军中的地位可以说是仅次于诸葛亮，相当于军队二把手。在诸葛亮死后，魏延是有能力谋反的。从这个层面来讲，成都的中央官僚选择怀疑魏延也很正常。

此外，大家怀疑魏延，恐怕和魏延平时的为人处世有关。《三国志·蜀书·魏延传》载："延既善养士卒，勇猛过人，又性矜高，当时皆避下之。"

与关羽一样，魏延也是一个傲上亲下的人，对下层士兵很好，与上层同僚（武将文官）的关系很僵，平时大家都对他敬而远之。但凡有本事的人，多半都会有点傲气。当年关、张在世时，魏延尚且敢于在群臣中说出那样咄咄逼人的壮语，关、张离世后，就更有了一种蜀汉舍我其谁的鹤立鸡群之感了。甚至，魏延连诸葛亮都不放在眼里。《三国志·蜀书·魏延传》载："常谓亮为怯，叹恨己才用之不尽。"

对诸葛亮尚如此，其他同僚就更不在魏延的眼里了。简单点说，魏延这个人的业务能力很强，但人缘很差。说到底，魏延最后身死族灭，死后还一直被安着"谋逆"的罪名，算是被同僚们默契地联手给坑了。所以，魏延的悲剧首先是其自身性格使然。

当然，魏延的悲剧与杨仪也大有关系。魏延和杨仪有如水火，《三国志·蜀书·魏延传》载："唯杨仪不假借延，延以为至忿，有如水火。"

《三国志·蜀书·费祎传》载："值军师魏延与长史杨仪相憎恶，每至并坐争论，延或举刃拟仪，仪泣涕横集。"

魏延是一个"性矜高"的人，偏偏又遇到了杨仪这样"性狷狭"的人，很容易引起冲突。魏延的傲慢使杨仪看不惯，言语之中不免夹枪带棍，而杨仪的不给面子又进一步惹恼魏延，闹到最后，一个恼羞成怒，动刀动枪，一个恨极而泣，"泣涕横集"。

魏延和杨仪的不和，连东吴的孙权都知道了，并对二人的结局作出了精准的预判。裴松之注《三国志·蜀书·董允传》引《襄阳记》：

> 杨仪、魏延，牧竖小人也。虽尝有鸣吠之益于时务，然既已任之，势不得轻，若一朝无诸葛亮，必为祸乱矣。

孙权口中的"牧竖小人"，放到汉末魏晋那个士族的时代里去理解，其实是指出身低微。"牧"是指牧童，"竖"是指年轻的仆人。据《三国志·蜀书·魏延传》载："魏延字文长，义阳人也。以部曲随先主入蜀，数有战功，迁牙门将军。"

由此可知，魏延最初是刘备的家兵私仆（部曲），出身确实不高。说穿了，魏延的悲剧在于一个出身低微的人，很有才华，但平时总是恃才傲物，与同事的关系处得很僵，最后被大家给联手坑了。

陆逊的"逊"

助吕蒙取荆州,火烧连营让刘备赍志以殁,陆逊的一生未有败绩。在他的主持下,江东陆氏远远超越了往日的辉煌。

江东四姓
顾陆朱张

天下莫柔弱于水，
而攻坚强者莫之能胜。
——老子

（老子明天不上班。）

如果人生有四季，
我13岁以前都是春天。
吴郡陆氏是江东四姓之一，
家祖官至城门校尉，
家父官至九江都尉。

可惜在这个乱世，
谁也不知道
意外和明天哪一个先来。
兴平元年（194），
岁在甲戌。
袁术派麾下的孙策
攻打庐江。

都在道上混，找陆康借点粮食，这个铁憨憨居然不给面子。

老大，我去帮你把场子找回来。

孙策　袁术

陆逊的"逊"

从祖父陆康，
时任庐江太守，
忠贞秉国，
力抗乱臣贼子袁术。
两年后，庐江城陷。
小霸王孙策率淮泗的周瑜，
屠江东大族，
娶国色大小乔。

◆ 请休息吧……

哈哈哈哈~

孙策

周瑜

有人得到,
意味着有人失去。
城陷后不久,
从祖父郁郁而终,
在他庇护下的百多号族人
也死去大半。
13岁的我,
接任陆氏家族的族长。

族长不是万能的,
但是没有族长是
万万不能的。

陆议

天下莫柔弱于水,而
攻坚强者莫之能胜。

从小念书识字,
到今天才发现,
人世间最难念的三个字是
"活下去"。
小小年纪就要学会面对,
面对人往低处走。

这一低就是好几年。
直到建安五年（200）
仇人孙策遇刺身亡，
死前，留遗言给其弟孙权说——

> 抢地盘，你不如我；
> 看场子，我不如你。

> 哥，我懂，你是让我武戏文唱，安心上路吧。

孙策

孙权

> 今天请四大族长过来，
> 孙某就说一句话——
> 有财大家一起发。

孙权

人之将死，其言也善。
小霸王终于明白，
打打杀杀无法收服人心，
于是让弟弟笼络江东大族。

> 孙将军敞亮！江东的话事人，
> 从此我们四大家族就认你了。

会稽的弟兄听着,
跟对人很重要,
家主江左陆郎情义无双!

陆议

在乱世之中,
财富的名字叫"部曲"。
振兴陆家最有效的办法,
是组建一支从属陆家的军队。

丹杨的弟兄听着,
走对路很重要,江左陆氏
的大门向你们敞开着。

以讨山越为名,
我向孙权请求募兵。

陆逊的"逊"

了结血仇最好的办法，
不是复仇，而是结为血亲。
我决定接受孙权的赐婚——
与孙策的女儿结为两姓之好。

陆议

小兵甲：我反对，陆孙两家是血仇，家主这么做，对得起死去的族人吗？

顾族长：人家郎才女貌，天生一对，轮得到你这个丑八怪来反对？

小兵甲：我也就那么一说。

顾族长：闭嘴！

当着孩子的面,我就问一句,这些年来,你心里有过我吗?

两夫妻,要无声胜有声。

陆议

从接任族长那天起,
我就没有身后身了,
只有眼前路,
眼前路就是重振陆家的辉煌。

重振陆家的辉煌,
要知道退,
退到别人看不到的地方。
因为剑的真意不在锋,
而在藏。

我改名了,以后我边上就贴这个。

陆逊

陆逊的"逊"

建安二十四（219）
关羽取襄樊，威震华夏。
曹操意图迁徙许都，
以避其锋。

大将军吕蒙认为，
这是让刘备"归还"
荆州的好时机，
只是苦于无从下手。

> 我的40米大刀已经饥渴难耐了。哈哈哈哈……

东吴大将军 吕蒙

关羽

陆逊小子虽说是个腐儒,但也算有几分见识。

关羽好《春秋》,
是至刚之人。
至刚易折。
我决定以文弱书生的姿态
写一封信恭维他。

将军,陆逊信中写的啥?

陆逊的"逊"

他说,襄樊之战比当年韩信灭赵要难得多。传令下去,把东吴这边的防线撤了吧。

诺。

关羽算个屁!
哈哈哈哈……

深藏blue。

善战者无赫赫之功,
时人皆以为关羽败走麦城
是吕蒙的杰作。
殊不知这是藏在幕后的我
示敌以弱,
从而攻其不备的。

三国心灵史

在助吕蒙取荆州后,
我成为孙权所倚重之人。
三年后,刘备欲夺回荆州。
我知道,藏不住了。

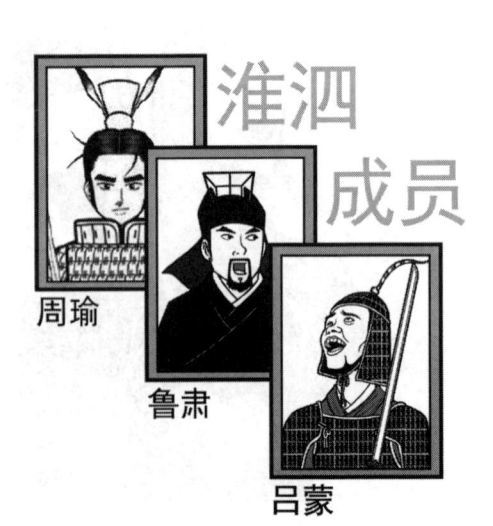

知道为什么我特别看好你吗?

为什么?

孙权

陆逊

因为我眼光特别好。

淮泗成员

周瑜
鲁肃
吕蒙

孙权加封我为大都督,
从孙氏立足江东以来,
都是淮泗集团担任此职。

这一次,
终于轮到退了多年的
江东大族上场了。
面对刘备的汹汹十余万大军,
我还是这个字——

退

刘备兵发三峡上游的
鱼复县,
攻下游的夷陵,
泛舟顺流,樯橹千里,
大有蛟龙出水之势。

陆逊小儿，你过来呀！

刘备

十几个月来，我一退再退，
而刘备一进再进。
季汉的战线拉得越长，
军需消耗就越大。
我需要做的就是等，
等刘备露出破绽。

退到猇亭的时候，
刘备连营扎寨，
被我一把火
连营带兵烧光了。

火烧连营

刘备率残兵逃到白帝城后，
大家都力主乘胜追击。
但此时刘备收拢散兵，
赵云的后军也赶来支援了。

曹魏也在乘机浑水摸鱼。
我决定停止追击，见好就收。
不久，刘备在白帝城赍志以殁。

眼见吴蜀交恶,
扬州牧曹休趁机
率大军犯境。
发现被骗还深入对垒,
与我在石亭决战。

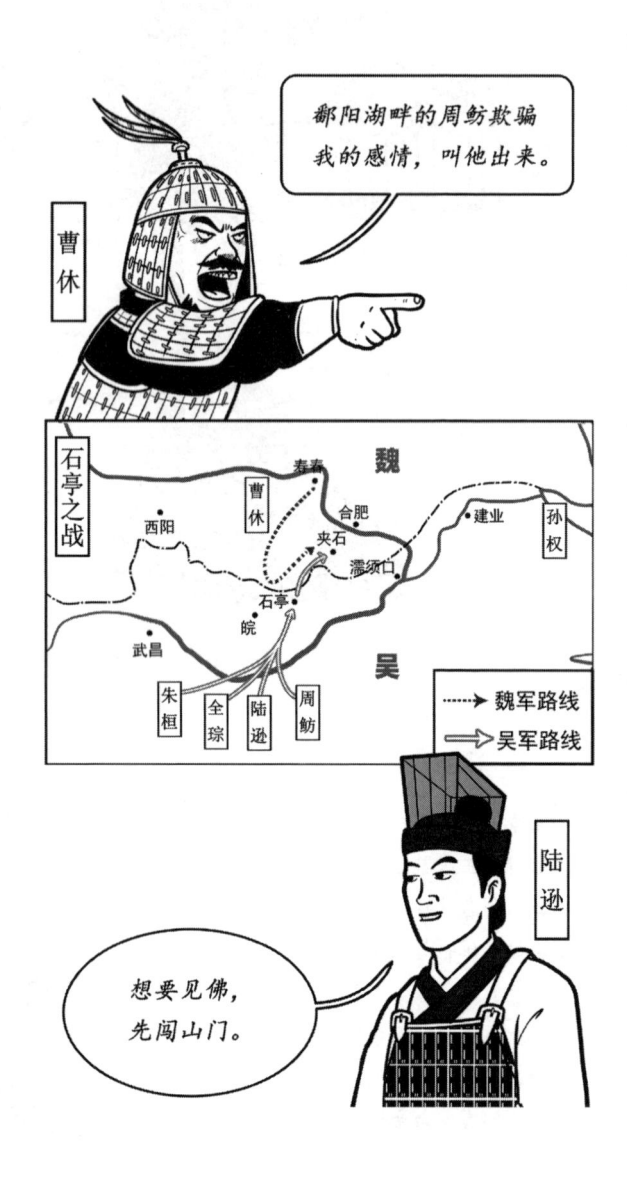

曹休：鄱阳湖畔的周鲂欺骗我的感情，叫他出来。

石亭之战

陆逊：想要见佛，先闯山门。

陆逊的"逊"

孙贼，下次别让我再遇见你！
否则遇见一次打一次！

大将军骂会儿就得了，
吴军快追上来了……

若单论军事，
我一生未曾有过败绩，
对曹休也不例外。
石亭之战斩擒魏军一万余人，
缴获牛马骡驴车乘万辆，
军资器械无数。

示之以柔而迎之以刚，
示之以弱而乘之以强。
这就是"逊"字的真义。
在我的主持下，
江东陆氏远远超越了
往日的辉煌。

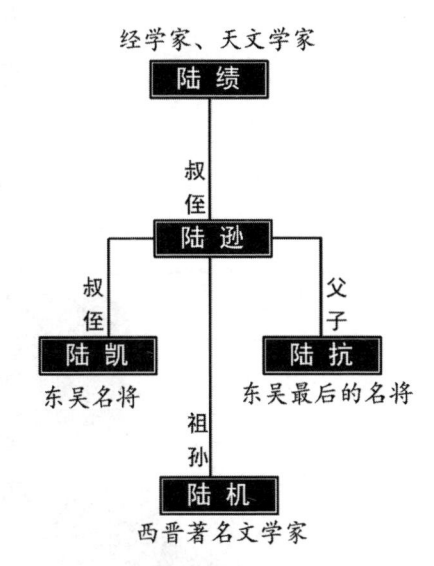

经学家、天文学家
陆 绩
│
叔侄
│
陆 逊
┌────┴────┐
叔侄   父子
│   │
陆 凯 **陆 抗**
东吴名将   东吴最后的名将
│
祖孙
│
陆 机
西晋著名文学家

三代君王为什么会被称为圣王?

他们心里装的不是一家一姓,而是天下百姓。

陆逊

孙登

出将而入相,
后来我成了皇长子孙登的老师。
我不希望他活成我的样子,
这一辈子只见过自己。
他应该见到众生。

看尽了眼前路,
又想着看身后身。
卷入立储之争的我,
最终无路可退,
在孙权的责怪下,
了却这一生。

编后语

宋代洪迈在《容斋随笔》中,将陆逊与周瑜、鲁肃、吕蒙称为"孙吴四英将"。可以说,陆逊是三国时期的一代名将,其代表性战役是夷陵之战。同时,作为孙吴江东儒学世族的主要代表,陆逊也是一个政治家。作为政治家,陆逊的阶层立场、思想文化素养、政治观念等,与孙权存在着方方面面深层的冲突,并引发了激烈的政治斗争。由此,陆逊的荣辱进退,便关系到东吴政治的盛衰。

陆逊,吴郡吴人。因父亲早逝,陆逊便跟着他的从祖陆康生活。陆康曾为庐江太守,在孙策和周瑜攻打庐江时殉职,连带百来号族人都死伤大半。少年陆逊于危难之际接任宗族掌门,可以说与孙吴政权有不共戴天之仇。这种仇恨本质上是江东大族与淮泗集团(跟随孙策进入江东的江北势力,如彭城张昭、张休父子,琅琊诸葛瑾、诸葛恪父子,庐江周瑜、临淮鲁肃、汝南胡综、沛郡竹邑薛综等人)之间的矛盾。孙策在平定江东的过程中,诛其英豪,当时不少有实力的江东大族,皆因抗拒孙策而遭受迫害,有的甚至举族被灭。

显然,孙氏仅依靠淮泗集团是不可能实现在江东长期而稳固的统治的,他们必须调整相关政策,寻求江东本土大族的支持与合作。建安五年(200)孙策遇刺而亡,死前留遗言于孙权:"举江东之众,决机于两阵之间,与天下争衡,卿不如我；举贤任能，各尽其心，以保江东，我不如卿。"孙策临死前终于领悟，想要在江东站稳脚，一定要与当地的大族合作，并把这个政治遗嘱交给孙权去完成。

在这个大的前提下，孙权选择了与陆氏等大族合作。但陆康之子陆绩终身以汉臣自居，被孙权贬为郁林太守，抑郁而死。陆逊亲历其事，当然格外谨慎，并注意与孙氏保持距离。但同时，陆逊作为宗族族长，肩负着振兴宗族的使命，他必须与当政者合作，以维护门第不衰。随着孙吴政权在江东统治的逐渐稳定，陆逊选择了入仕，一开始地位并不高，但因为陆氏是大族，有部曲，借征讨山越之机，不断壮大自己的势力。

建安二十四年（219），镇守上游的主帅吕蒙返京，一方面向孙权汇报袭击关羽的准备情况，一方面推荐陆逊为大将。上游兵权关乎孙吴之安危，素来为淮泗集团控制，周瑜、鲁肃、吕蒙一脉相承。但时过境迁，随着侨寓的英豪不断凋零，在吕蒙的推荐下，孙权终于拜陆逊为偏将军右都督，代吕蒙领上游大军。陆逊助吕蒙袭击关羽，占据荆州，孙权命陆逊为右护军、镇西将军，封娄侯。尽管孙权一度以朱然为左都督，镇江陵，颇有凌驾于陆逊之上的意思，但黄武元年（222），孙权以全权交付陆逊，命其攻击刘备，终于取得夷陵之战的胜利。此役后，孙权以陆逊为辅国将军，领荆州牧，改封江陵侯，后又进位上大将军，成为名副其实的上游统帅。

陆逊代吕蒙担任上游统帅，后来又在夷陵之战中巩固了统帅地位。这不仅是陆逊仕途的转折点，也是孙吴政权江东化的关键点。孙氏与陆氏的上一辈恩怨，以及与江东其他大族的恩怨，在这个时候得到了和解。虽然双方之前的积怨与隔阂基本消除了，但还有些东西是无法消除的。

一是路线之争，陆逊推崇儒家，孙权推崇法家。

江东大族并没有北伐中原、统一天下的意愿，对于他们来说，最重要的是经营好江东这个地方。作为江东大族的代表人物，陆逊也不外乎这个想法。黄武五年（226）冬十月，陆逊向孙权上疏，求推行儒家德政，轻徭薄赋，减缓刑罚。在陆逊、张昭、顾雍等江东人士看来，孙权为政"法令太稠，刑罚微重"，对于江东的百姓并非什么好事。应该舍法术之道，而行儒家礼治。对此，孙权并不以为然。在"大一统"政治文化的影响下，孙权并不想永远割据江东，而是心存帝王之志。要想北伐中原，就必须最大限度地汲取民间人力和物质，所以更为推崇法家。这是由各自立场产生的难以调和的矛盾。

二是军事战略上的分歧。陆逊主张江东本位，孙权主张以江东为基础，以图天下。

作为江东大族的代表人物，陆逊认为应该"限江自保"。一是出于实际利益，如果大规模北伐必然会耗费江东的大量资源，对当地大族的利益造成损害；二是东吴政权只占三州，而曹魏占了九州，客观差距太大；三是陆逊的军事战略和政治思想一致，对内德政是实现统一的前提，在这一思想的指导下，陆逊在对外征战中总是适可而止。但于孙权而言，"鼎足江东"只是他的第一步，接下来还要"竟长江所极"，最终统一全国。陆逊与孙权在军事战略上存在分歧，必然导致双方在决策和实践中产生激烈纷争。

正是因为双方在政治上存在着严重的分歧，孙权自然会采取一些针对性的措施来加强皇权。这就是孙权用吕壹等小人作为工具，来打击宰相顾雍、左将军朱据等江东人士的原因，也是孙权后来在争储事件中逼死陆逊的原因。从这个意义上说，陆逊之死是一种无可避免的政治宿命。不过，孙权逼死陆逊，也破坏了孙氏与江东大族的关系，从而动摇了孙吴政治的基础。

姜维的信念

姜维的不屈与执着,往高一点说,是一个文明赖以传承的根本;往低一点说,是一个人做人该有的心气。

魏景元五年（264）正月十八日，
跟随钟会伐蜀的魏军发生兵变，
在各部将领的带领下纷纷冲向
成都的旧宫，
意图弑杀钟会。
我知道，
念兹在兹的复蜀大计
终归无望了。

"小兄弟27了？我27那年遇到了先主玄德公。"

裂开的铠甲上，
沾着斑斑殷红。
已然分不清这是夕阳的余晖，
还是内心未燃尽的火焰。

曼陀罗花开时，
我依稀还能记起从前，
那是27岁的某一天。

在没有遇到诸葛丞相前，我过的是另外一种生活。

我生活的那个年代，
在远离汉都的凉州，
有一个地方叫汉阳郡，
汉阳郡的治所在冀县
（今甘肃甘谷县），
这里汉羌杂居，
民风剽悍，龙蛇混杂。

"真·比心。"

汉末·凉州·汉阳郡

羌人

汉人

生于建安七年（202）的我，
就在这里长大。
模糊的记忆中，
小时候总是被母亲牵着，
于苍茫的暮色中站在街口，
等待着在郡所
担任功曹的父亲
下班回家。

直到有一天，
父亲再也没有回来。
那天正逢叛乱的羌人攻城，
父亲为救战友而殁于疆场。

小心！

姜维之父·姜冏

父……

打那以后，
我与母亲相依为命。

姜维

武功再高，
不如抢个红包。

闲时一边读书，
一边结交游侠死士。

我手上拿的这本书，
作者是我们这个时代
大名鼎鼎的"郑玄"。

郑玄是汉末朝野共仰的硕儒，
终身不仕，遍注群经，
致天下太平。
黄巾乱党遇到了他都
下马跪拜，
相约不犯其乡里。

苍天已死
黄天当立
岁在甲子
天下大吉吧！

姜维:"你们996……"
"我007!"

高山仰止,景行行止,
虽不能至,心向往之。
身处边陲之地的我,
也像大贤郑玄一样,
希望有朝一日得见汉家的
太平世。
为此,我从基层做起,
进入郡所担任一个
负责统计的小吏。

因为父亲战死沙场,
后来我被朝廷赐官中郎,
参与本郡军事。
没过几年,
许都传来消息,
陛下禅位给魏王曹丕。

"我丕我呸!"

"加勒个油!"

姜维

猛地一想感觉要下岗,
仔细一想,
不如猛地一想。

逐渐咸鱼化

变天了。
远离政治中心的汉阳郡，
不久后也被更名为天水郡，
此外并没有多少变化。
我以为会这样庸庸碌碌过完一生。

直到八年后，
我遇到了一个
叫诸葛亮的人。
那是魏明帝
曹叡太和二年（228），
蜀军出祁山。
当时的我
正与太守马遵巡查天水各地。

开门，查水表！

报告太守，
诸葛亮前来查您水表

呵呵，莫慌，
我早有应对之策，
放心。

我从未见过如此厚颜无耻之人！

太守得知蜀汉大军到来，
都没通知我，
连夜逃往上邽。
我最终追之不及，
回城时城门已闭，
于是率部前往冀县，
而冀县也不放我们入城，
无路可去的我只能去见
诸葛亮。

姜维

呃，
丞相不会是在说我吧？

放心，不是您。
这边请。

小兄弟仪表堂堂，
敢问贵姓，家住何方？

败将姜维，小字伯约，
天水冀县人氏。

年岁几何？

姜维

诸葛亮

二十有七。

喔……
二十七啊……

我想起了自己二十七岁那年，
遇到了先主玄德公。

二十七啊，
真是个好年纪啊。

向来留心天下大势的我,
知道诸葛亮所说之事。
那是 20 年前,
建安十三年（208）冬,
刘备拖着疲惫的身躯去
南阳三顾茅庐,
从此,诸葛亮尽心辅助他创立蜀汉。

大哥,
姓诸的这家伙再不出来,
咱就社区送温暖——
把他家点了吧！

你点个试试！
他是我们重要的合伙人！

另外,
人家姓诸葛！

这不正是我仰慕的人物吗？
不久,马谡兵败街亭,
诸葛亮引蜀汉大军而退。
而我,
也毫不犹豫地随他入蜀了。

姜维老弟:
努力的人运气总是不错,
比如现在姜维老弟为仓曹掾,
加封义将军。
我在成都等你来吃火锅撸熊猫。
——诸葛亮。

姜维的信念

伯约是凉州上士，忠勤时事，思虑精密，他的本事马良没法比。

丞相这么说，马良地下有知会哭的。

诸葛亮

长史张裔

整点儿？

多谢丞相，不了。

我不知道，
诸葛丞相为什么
对我这么好。

但我知道，
此后我将尽心尽力去
辅助丞相，
完成兴复汉室的大业，
尽管母亲还在天水。

伯约心存汉室，而才兼于人，既有胆义，又深解兵意。

丞相这么说，大家都会哭的。

撸一个？

参军蒋琬

诸葛亮

谢邀，不了。

唉。

姜维妈妈

汉、贼不两立，
王业不偏安

军中

诸葛亮　杨仪　费祎　姜维

北伐申请单
申请人：姜维
主管意见：
可以，但别超过一万人。
主管签字：

入蜀后，
丞相"毕教军事"，
而我练手的第一件事，
是统领五千虎步军，
随丞相北伐。
六年后，
建兴十二年（234），
丞相星陨五丈原。

那个亦师亦父的人走了，
离别，点燃了梧桐枝的火焰。
"汉、贼不两立，
王业不偏安"，
这不仅仅是丞相的夙愿，
也将成为——

我余生的执念！

姜维的信念

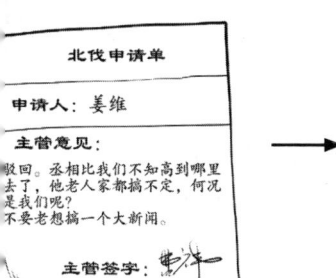

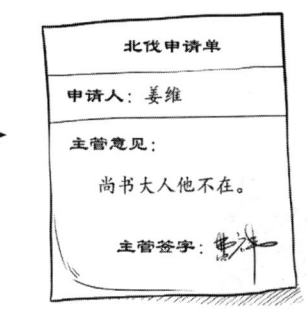

```
北伐申请单
申请人：姜维
主管意见：
驳回。丞相比我们不知高到哪里
去了，他老人家都搞不定，何况
是我们呢？
不要老想搞一个大新闻。
主管签字：
```
→
```
北伐申请单
申请人：姜维
主管意见：
  尚书大人他不在。
主管签字：
```

丞相逝后，
魏延因与杨仪相争
而被夷族。
后来的日子，
蒋琬、费祎先后执掌军政。
随先主入川的元老一个个逝去，
北伐中原的心气越来越淡了。

夏侯霸

汉

延熙十二年（249），
魏太傅司马懿发动高平陵之变，
诛杀了曹爽一党。
是时，朝野震荡，
魏右将军夏侯霸弃魏投蜀。

我老妈为曹操妻室丁氏的妹妹，
我妹妹是张飞老婆。

曹氏势力完蛋了，
我还可以投奔我妹妹！

> 还是那句话，别超过一万人。

姜维　费祎　刘禅

这不是丞相《隆中对》中说的"天下有变"吗？
我决定再次申请出兵北伐。

等着我的，
是三个强劲的对手——
司马懿的亲密战友郭淮、
北方士族领袖陈泰，
以及后来的名将邓艾。

尽管如此，
我还是率一万部卒与
曹魏大军对峙许久，
直到司马昭率军前来援助，
我才不得不撤兵。

> 我的心，路人皆知。你慌不慌？

司马昭

姜维的信念

四年后,
费祎被刺身亡。
再也没有人牵制我了,
但人心也更散了,
百姓更想过一种
现世安稳的日子。

（如果支持北伐,你就"汪"的叫一声。）

四川百姓

尽管世情如此,
我依然寻机北伐。
得知魏国大将军司马师
在平定淮南二叛时惊吓而死,
我率军出狄道,
于洮西大破雍州刺史王经,
斩敌数万。

这是丞相生前
都未曾取得的大捷。
经此一战,
我的声望达到了巅峰,
被加封大将军。

（王经你这个二货,搞啥子背水一战!）

（现在搞得大家只能跳水!真以为自己是韩信啊!）

"嘘嘘……"

邓艾

"喜欢的人不出现，
出现的人不喜欢。"

次年，
整顿兵马后，
我与镇西将军胡济约定
两路出兵，
在上邽会合，
但胡济没有来。
孤军深入的我，
在段谷为邓艾所败。

段谷之败，
朝中流言纷纷。
一生都没获得
开府治事资格的我
被完全孤立，
不得以，前往沓中
（今甘肃舟曲西北）
避祸。

姜维

入蜀这么多年,
我住在破旧的房子里,
不纳妾,无声娱,
不在意衣食用度,
且家无余财。
只求在左右掣肘和
时局的夹缝中寻机北伐,
有时候忍不住问自己——

这究竟是为什么?

只是为了报答丞相的知遇之恩吗?

还是内心深处本来就有知其不可为而为之的执念。

姜维

唉。

景耀六年（263）秋，
司马昭发动战争，
派遣钟会、邓艾、诸葛绪
三路攻蜀。
我从沓中杀回剑阁，
挡住了钟会，
把魏国的西征计划摧毁大半。

谁知邓艾竟然从阴平小路翻山而下,
在绵竹击杀诸葛瞻,兵临成都。
蜀地豪族四十年来受朝廷打压,
早有投魏之心,
成都城里人心已散。
后主也没有"死社稷"的决绝,
选择向邓艾投降,
并传命要我向钟会投降。

六十有二的我,
依然不甘心,
"欲使社稷危而复安,
日月幽而复明",
制定了闪耀三国的
复国大计——
鼓动钟会先除邓艾,
再自立谋反。

魏景元五年(264)
正月十八日,
钟会所谋之事泄,
魏军发生兵变。

我知道,
一切都要结束了。

季汉——

这个大汉王朝未曾燃尽的流年羽化成的眷顾,

还有丞相的夙愿,

我的执念,

都结束了。

读者有话说

Onion'R

姜维有心杀贼，报效季汉，但是季汉内部不仅有资源缺乏的先天限制，还有人心不齐的后天影响。孔明在时，可以压制平衡，但孔明一死，杨仪、魏延就迫不及待跳出来争权而被杀，这也导致了季汉内部人心不稳，加上孔明接班人接二连三离世，内无强援，外有天敌，纵然姜维有麒麟儿之名，也难以成功。

飞奔的羽林郎

汉朝正统的历任"大将军"之中，姜维可能是资源最匮乏、任务最繁重的一个，但是他用自己的生命给这个强大帝国最荣耀的军职画上了一个完美的句号。诸葛亮和姜维师徒，都是人性光辉的典范，他们明知不可为而为之的举动，绝不是对自己能力的盲目自信，也不是不了解国家实力的狂妄之举。就像杨靖宇将军面对劝降他的老百姓时说的那句话——"要是中国人都投降了，那还有中国吗？"

天赐英华

姜维心中执念太让我感动了，在自己被俘、国家灭亡、自己领导都已经放弃的情况下，还在谋划心中大计，不光秉承丞相遗志，在万般绝望中也毫不动摇，直到最后一刻都在以一个臣子的身份尽忠，还安慰刘禅。究竟是一种怎样的内心才能有这样永不放弃、一个人对抗整个时代的勇气和信念？某种意义上我觉得他比丞相更令我敬佩，他这种坚强的信念真的太难得了！

一刀人月

关于什么时候称蜀、什么时候称汉,说说我们史学界一般的称谓法。上古中古时期,华夏文明以黄河流域为核心,以孔孟之说为道统,因此据有长安、洛阳、邹鲁者,一般被视为正统。从炎黄以来,有道伐无道、天下以有德者居之的观点被社会普遍接受,魏代汉禅是合乎法统的做法。汉是正统,代之以魏也是正统,刘备和孙权在正统观念下,就是割据。

南朝和南宋比较特殊,虽然丧失了黄河流域,但仍保有高级的华夏文明,故而南朝不算割据,南宋还是正统。

古人对正统观的意识极强,因此崖山之后无中国,松山之后无华夏。

从某种程度上说,二战前,某些日本军国主义思想家认为清朝无法继承华夏正统,因此鼓吹日本有义务接过华夏文明正统的大旗。此是后话。

Adonis

"吾计不成,乃天命也!"每次《三国》看到这里未尝不捶胸顿足、扼腕叹息。

想姜伯约本一边鄙之人,却能在丞相的感召下,以兴复汉室、匡扶天下为己任,凭着自己的一腔孤勇、半生热血,以一边陲小国与中原对抗数十年而不落下风。

想到这里,不禁惊叹诸葛识人之明、皇叔未竟之志。

相比之下,谯周等投降派之丑恶嘴脸、后主之昏聩无能,更加暴露无遗。

"君埋泉下泥销骨,我寄人间雪满头。"谨以白居易这句诗来表达对姜维的赞叹与钦佩之情。

编后语

季汉建兴六年（228）春，诸葛亮第一次北伐。

诸葛亮扬言由褒斜道取郿（今陕西眉县东北），使赵云、邓芝据箕谷（今陕西太白）为疑兵，实则亲率大军攻祁山（今甘肃西和祁山堡），显然，诸葛亮之意不在关中，而在陇右。这与早期的北伐战略规划有极大不同，隆中对的北伐路线是："天下有变，则命一上将将荆州之军以向宛、洛，将军身率益州之众出于秦川。"

隆中对的北伐规划是在天下有变的前提下，双向并进——一路由襄樊出发，意在洛阳；一路从汉中出秦川，剑指长安。建安二十四年（219），关羽大意失荆州，导致北伐中原几成泡影，这便是诸葛亮首次北伐明夺郿县、暗取陇右的原因。不过，季汉建兴六年，于曹魏而言是魏明帝曹叡太和二年。是年，曹魏政局平平无奇，远远谈不上天下有变，那么诸葛亮为何要北伐？为了完成刘备的遗愿。在北伐前，诸葛亮上疏刘禅，即传颂千古的《出师表》：

先帝知臣谨慎，故临崩寄臣以大事也。受命以来，夙夜忧叹，恐托付不效，以伤先帝之明；故五月渡泸，深入不毛。今南方已定，兵甲已足，当奖率三军，北定中原，庶竭驽钝，攘除奸凶，兴复汉室，还于旧都。此臣所以报先帝而忠陛下之职分也。

为了"报先帝",在抚定了西南少数民族后,诸葛亮决定"北定中原"。当然,北定中原只是一个遥远的夙愿,实际的战略目标是西取陇右。由于曹魏事先毫无防备,蜀军轻松拿下了陇右的南安、天水和安定三郡。魏明帝反应过来后,派名将张郃拿下了蜀军的咽喉之地街亭。街亭失守,意味着蜀军丧失了全部有利形势,是以诸葛亮取西县千余家后,引兵退回汉中。对曹魏产生极大震动的第一次北伐以此告终。

如果说这次北伐有什么战果,那就是收了后来矢力孤忠、为季汉终踣一死的悲情英雄姜维。关于姜维投蜀,魏蜀两国有不同的说法。依季汉官方的说法,姜维是被曹魏抛弃的,不得以才投蜀。依曹魏官方的说法,姜维是为了去保卫家乡冀县,但被冀县的吏民裹挟去见诸葛亮了。尽管魏蜀两国的说法有异,但都表明了姜维并非主动投蜀。对于一个被迫投蜀的无名青年,诸葛亮却出乎意外地器重有加,《三国志·蜀书·姜维传》载:"亮辟维为仓曹掾,加奉义将军,封当阳亭侯,时年二十七。"

诸葛亮出手就是当阳亭侯,而且还与接班人蒋琬说,姜维不仅"深解兵意",而且"心存汉室",自己将会把所有的本领都教给他。大家知道,一个人的能力可以看得出来,但心志如何就不好下定论了。诸葛亮为何会说姜维"心存汉室",这点后面再说,先说诸葛亮为什么说姜维"深解兵意"。

前面分析过,季汉在建安二十四年失去荆州后,北定中原的可能性已经微乎其微了。诸葛亮将战略调整为先取陇右,而取陇右不外乎西出祁山,"安从坦道,可以平取陇右,十全必克而无虞"。退一步来说,即便是北伐中原,出散关直取渭南,亦需控制陇右地区,否则就会腹背受敌,一贯谨慎的诸葛亮是深明此点的。

因此,控制陇右是北伐能否顺利的关键,这就需要有一熟谙陇右地理民情的大将,才能克敌制胜。刘备在世时,以马超为凉州牧,这是一个很理想的人选。马超生于陇西，有羌族血统，"甚得羌胡心"。遗憾的是，马超早逝，从此季汉就一直缺少这样一个能够"信著北土"的人物。正是在这种形势下，诸葛亮遇到了姜维，这便是姜维立即受到诸葛亮重视的原因。

那么，诸葛亮是如何做出姜维"心存汉室"这个判断的呢？这一点，《三国志》没有明文记载，我们只能从史料中的一些细节来推测。

卢弼的《〈三国志〉集解》在"时年二十七"后面注了一句"亦诸葛武侯从先主之年"，提供了一些线索。诸葛亮收姜维时，诸葛亮47岁，姜维27岁。这是否让诸葛亮想起了在27岁那年遇到了年长自己20岁的刘备？当然，诸葛亮作为季汉丞相、北伐大军的统帅，或许会因为这种年龄上的巧合而对姜维心生好感，但绝不会由此而轻言姜维"心存汉室"。

可以肯定的是，正如刘备遇到诸葛亮时，两人有过一番长谈，"先帝不以臣卑鄙，猥自枉屈，三顾臣于草庐之中，咨臣以当世之事，由是感激，遂许先帝以驱驰"；诸葛亮遇到姜维时，应该也有一番考察。诸葛亮与姜维谈了些什么，由于史料阙如，不敢妄加揣测，但关于姜维的一些基本情况，诸葛亮肯定会问。《三国志·蜀书·姜维传》载：

> 姜维字伯约，天水冀人也。少孤，与母居。好郑氏学。仕郡上计掾，州郡为从事。以父冏昔为郡功曹，值羌、戎叛乱，身卫郡将，没于战场，赐维官中郎，参本郡军事。

这段描述姜维27岁以前的史料，虽然文字不多，但包含了丰富的信息，我们一一来解读。

一是姓氏。姜姓是天水四大姓（姜、阎、任、赵）之一，甲骨文中，羌从羊从人，姜从羊从女，两字相通。《后汉书·西羌传》云"西羌之本……姜姓之别也"。后世学者章太炎、傅斯年、顾颉刚都认为羌、姜同源,表示族类与地望用"羌",表示女性与姓氏用"姜"。这反映了华夏文明融合演进的历史。综合《三国志》及裴注来看,姜维应该具有羌族血统,且出身西羌豪族。这表明了姜维与羌胡有千丝万缕的关系,有利于季汉取陇右,但这还不足以支撑他心存汉室。

二是郡望。姜维是凉州天水郡人。天水郡在汉末其实叫汉阳郡,直到曹丕代汉后,才重新改回天水郡。凉州一直是东汉的心头之病,这个地方是远离政治中心的边陲之地,主要分陇右(陇山以西)与河西(黄河以西)两大块,汉胡杂居。从东汉中后期起,时不时爆发动乱。曹操少年时曾立志做征西将军,去西北平羌戎。东汉末年,凉州的军事势力分为两拨,一拨是靠平定羌胡起家的官方军阀,以董卓系为代表;另一拨是借羌兵起义而崛起的叛军,以韩遂、马腾系为代表。因为西凉集团缺乏长远的政治理念,故而旋起旋灭。

盖而言之,西羌豪族受东汉乃至曹魏朝廷轻视,能不用就不用,即使用也是防一手。姜维的父亲姜冏身为东汉朝廷命官,且因平定羌乱而殉职,但姜维后来还是见疑于曹魏的太守马遵。由此可知,如果姜维一直待在天水,也是其志难申。

三是年龄。据本传,姜维遇到诸葛亮时27岁,由此可知姜维生于建安七年(202)。可以说,一直到姜维18岁那年(220),都是汉室的天下。父亲是汉朝的烈士,自己开始也是做着汉室的公务员,突然有一天说曹魏代汉了,很难说姜维对曹魏有多少认同感。东晋孙盛《杂记》曰:

> 初,姜维诣亮,与母相失,复得母书,令求当归。维曰:"良田百顷,不在一亩,但有远志,不在当归也。"

"远志"和"当归"是两种中草药。"当归"是陇右的特产,"远志"的产地几乎分布在全国。姜维母令姜维求"当归"这种中草药，一语双关，意思是让他回天水，而姜维则回复说好男儿志在四方。汉以孝治天下，少习郑学的姜维真会这么回复母亲的信吗？很难说这条史料可信度有多高，但至少表明，在时人看来，姜维并非那种固守一隅之人，其心志在天下。

四是所学。本传说姜维"好郑学"。"郑学"即郑玄之学。郑玄是汉末大儒，其治学以古文经学为主，兼采今文经学。他遍注儒家经典，以毕生精力整理古代文化遗产，使经学进入了一个"小统一时代"。这是一个神奇的人，终身不仕，但朝野共仰。外戚何进、司徒袁隗（袁绍的叔父）都曾辟他而不得，黄巾军路遇也拜送。甚至，连刘备都与郑玄有交集，刘备的老师卢植是郑玄的同门师兄弟，刘备说起来还得叫郑玄一声师叔。《华阳国志·刘后主志》载有诸葛亮的一段话：

先帝亦言："吾周旋陈元方、郑康成（郑玄）间，每见启告，治乱之道备矣，曾不语赦也。"

据此可知，郑玄在徐州时与刘备关系密切，刘备经常向他请教"治乱之道"。此事当是刘备告知诸葛亮的。后来诸葛亮遇到姜维，得知姜维是郑玄的私淑弟子，不知会不会想起逝去的刘备，但肯定对姜维的心志与气节有一个初步的判断。当然，不能说私淑郑玄就一定会心存汉室（魏、蜀、吴都有郑玄的信徒），只能说这类人至少会有些底线。

很难说是哪一点让诸葛亮做出姜维"心存汉室"这个判断的，或许通过以上各方面的综合考察，诸葛亮最后得出了这个结论。事实上，后来姜维也没有辜负诸葛亮的期望，在诸葛亮逝后，他承担了季汉的军事重任，也是最坚定的主战派。

季汉建兴十二年(234)，诸葛亮病逝五丈原，蒋琬、费祎相继执政。自诸葛亮死后，季汉政权发生了重大变化，新的当政者对要不要继续执行以攻为守的策略产生了分歧。姜维坚持采取诸葛亮生前的方针，寻找战机，先后对曹魏发起十一次进攻。对于姜维执意北伐，季汉反对的人很多，赞成的人很少，裴松之注《三国志·蜀书·姜维传》引《汉晋春秋》曰：

> 费祎谓维曰："吾等不如丞相亦已远矣；丞相犹不能定中夏，况吾等乎！且不如保国治民，敬守社稷，如其功业，以俟能者，无以为希冀侥幸而决成败于一举。若不如志，悔之无及。"

尚书令费祎是季汉的二把手，他主政期间，姜维每次北伐都只让带一万人。尤其是延熙十二年（249），魏太傅司马懿发动高平陵之变，诛杀了曹爽一党。当时曹魏政权朝野震荡，魏右将军夏侯霸弃魏投蜀。这可是诸葛亮终其一生都没有等到的"天下有变"。大清弹幕之王乾隆看三国，看到这里都想打人，《御批通鉴辑览》曰：

> 祎之言似是而非，试思后主昏庸，信任奸宦，安能保国治民。若姜维虽近冒昧，然其志固在乘机恢复也。少与之兵自是败国事，安得谓忠。庸腐者流但言息兵，则抚掌大悦，宜其以祎为是耳。

连乾隆都认为，姜维的行为虽然冒进，但他的志向是在兴复汉室。不过话说回来，费祎对自己和姜维的才略评价还是符合实情的。费祎固然没有诸葛亮把握政局的才干，姜维作为一个陇右降将，在蜀中的威望以及班底都难以与创业元老诸葛亮相提并论，但费祎忽视了一点，"然不伐贼，王业亦亡，惟坐而待亡，孰与伐之"，天下三分，曹魏占其二，十三州曹魏占九州，季汉仅占一州。玩过游戏的人都知道，九矿打一矿，都不用操作，暴兵平推就行，一矿玩家唯一的机会是在对方还没有运营完成时去进攻，即便如此，也要倾尽资源，不成功便成仁。《三国志·蜀书·姜维传》末尾，陈寿评价姜维说：

  姜维粗有文武，志立功名，而玩众黩旅，明断不周，终致陨毙。老子有云："治大国者犹烹小鲜。"况于区区蕞尔，而可屡扰乎哉？

  显然，对于姜维反复北伐，同朝为官的陈寿评价颇为负面。陈寿认为，姜维北伐的行为完全是在"玩众黩旅"，季汉仅占益州这一蕞尔之地，北伐汲取的人力和物力太多，百姓必然会过得异常艰苦。需要辨析的是，陈寿作为谯周的学生，对姜维的评价肯定不会高到哪里去，即便对诸葛亮，陈寿也颇有微词。这个与蜀汉的内政有关，诸葛亮治蜀，用的多是荆州系统和东州系统的人，对益州本地的豪族打压得比较厉害。谯周作为蜀地土著的代表，在诸葛亮死后曾公开发表《仇国论》力陈北伐之失，后因劝刘禅投降，被司马昭封为阳城亭侯。

  同时也不可否认，陈寿说的是实情，姜维北伐的频率比诸葛亮要大得多，百姓的负担也要重得多。即便站在后世的角度看，天下分分合合，王朝鼎革易代，谁来统治还不是一样，为什么要做无妄的挣扎，让当世的百姓疲敝不堪呢？

  既然如此，姜维北伐还有什么意义吗？再往上追溯，刘备、诸葛亮、关羽等人创立季汉的过程还有什么意义吗？有。如果没有志在天下的信念，刘备也不会因年近半百功业未建而慨然流涕；如果没有义比天高的信念，关羽就不会千里走单骑；如果没有士为知己的信念，诸葛亮就不会在刘备死后五次北伐，鞠躬尽瘁死而后已。同样，如果没有继承武侯遗志的信念，姜维也不会率着一万人反复西出祁山，更不会在刘禅已经投降后，诈降钟会，意图兴复季汉，同时传信给后主刘禅："愿陛下忍数日之辱，臣欲使社稷危而复安，日月幽而复明。"

由此，南宋胡三省说："姜维之心，始终为汉，千载之下，炳炳如丹。"清人王鸣盛说："姜维志在复蜀，不成被杀，其赤心则千载如生。维之于蜀，犹张世杰、陆秀夫之于宋耳。"当然，这两人的评价与其所处时代的局势有关，醉翁之意不在酒。

回到事情本身来看，姜维在生活方面几乎没有多少欲求，唯秉承武侯遗志，在被掣肘的情况下执意北伐。这种不屈与执着，往高一点说，是一个文明赖以传承的根本；往低一点说，是一个人做人该有的心气。

后记

太康元年（280），司马炎灭吴，三家归晋。时年四十八岁的陈寿终于完成《魏书》《蜀书》和《吴书》，共六十五卷，这便是后世所说的《三国志》。

后主建兴十一年（233），陈寿出生在巴西郡安汉县（今四川省南充市）。两岁时，丞相诸葛亮星落五丈原，成年后，陈寿先后担任过蜀汉的几个文职，三十一岁那年，邓艾、钟会南下，后主开城迎降。而立之年遭逢国殇，不知这一巨变在陈寿心里有过怎样的震荡？

人生代代无穷已。2019年夏天的某个深夜，笔者正在写《关羽的爱情》编后语，期间，一个刚从外地回北京的好友发来信息说，某地的博物馆很不错。因当时在写稿，便没有回，谁知他这句话竟是永别。第二天中午，突然得知他去世的消息。尚沉浸在"建安"这个悲远年代的我，坠回带有几分茫然的现实，分不清是真是幻——人生天地间，忽如远行客。

蜀亡后，陈寿北上洛阳。身为晋臣，书写三国旧事，在新朝与故国之间，难免以曹魏为正统，又暗藏黍离之悲。《三国志》只有《魏书》设"纪"，《蜀书》《吴书》都只称"传"；写曹操、曹丕之死，用"崩"，写孙坚、孙权之死，用"薨"，写刘备之死，则是"殂"，而刘禅之死也是"薨"。这里便有了正闰之分。

陈寿将故国之思都埋在了细节里。如写姜维在剑阁与钟会对峙，等来后主投戈放甲的敕令后，军前将士拔刀砍石。这个充满屈辱与悲愤的细节，只有亲历亡国之变者才写得出来,尽管陈寿于晋武帝太康年间撰写《三国志》时,蜀国已经亡了二十年。

好友与我相识于二十年前,在南方的一所学校。挥霍了四年的青春后,我们各奔东西。在人生彷徨失措的那几年,生命之气丰沛的他,总劝我不要荒废自己。后来,我慢慢找到了救赎的方式,开始安顿自己的人生。而他却萌生退意,在京郊一个偏僻之地读书写字,回到生命的原初状态。孟子说,学问之道没有别的,不过是把那失去了的本心找回来。

《三国心灵史》固然谈不上什么学问之道,但在创作过程中,我们也尝试着通过某个具体的历史事件,去还原特定历史时期各个阶层的生存状态,并感同身受地推断人物在当时环境中做出抉择时的心理活动。书中的故事,只是悠悠沧海之一粟,而通过史籍的草蛇灰线,窥见两千年前人物的内心,借以洞见千年不变的人性,才是这本漫画的初衷。

三国这段历史,后人总有一种朴素的"拥刘贬曹"的观念。《资治通鉴》写三国史,用的是魏的年号,但在北宋民间,人们普遍拥刘。《东坡志林》载,街巷小儿听三国古话,"闻刘玄德败,颦蹙有出涕者;闻曹操败,即喜唱快"。南宋朱熹编《资治通鉴纲目》,认为"三国当以蜀汉为正"。元明学人,多沿此说。其实,在陈寿完成《三国志》时,蜀也亡,魏也亡,吴也亡,大家"同归于晋",一切都成了前尘往事。

不知江月待何人,但见长江送流水。千年以后,铲史官团队在北京中关村创业大街温顾这段鼓角争鸣的岁月。总策划邓玲玲以女性特有的细腻,设身处地回望、选定人物事件,并写了曹操、刘备等人物。朱彦和锄头两位画师在还原服饰器物的同时,也尝试还原那一片历史天空下的盛与衰、血与肉、悲与喜。朱彦倾注了很多情感,他的笔总是能画出人物的鲜活与斑斓,一串串远去而熟悉的姓名跃然纸上;锄头则是另一种风格,冷眼观世,也冷眼观史,对世情的抽离反而令读者对时隔千年的人物产生一种意外的共情。

铲史官以前写过变法改制，写过鼎革易代，从政治史到心灵史的观察路径，或许能更好地观照人性中的幽暗和光芒。本书写三国，又不止于三国。如《荀彧的悲歌》一篇，试图通过极其有限的史料，去探寻荀彧在人生不同时段的内心状态，编后语也触及后世不同时期的人对荀彧的不同观感。其中的心魂激荡，犹如卞之琳的小诗："你站在桥上看风景，看风景的人在楼上看你。"然而，人心惟危，道心惟微，试图进入他人内心的举动，任何时候都有踏空的危险。历史毕竟是一门求真的学问，这让我们不得不如履薄冰，审慎节制。

历史学家何兆武先生说，人文学科认识的主体，是要了解人的思想和活动，这种了解是彻头彻尾受到他自己的生活体验、心灵感受和价值观的制约的。这就使得历史学不断地改写历史。实证派史学家们每每喜欢标榜"客观如实"，而他们恰好就在这个"实"字上面绊倒了。我们对外界的认识要凭观察，我们对历史的认识还要凭人生的体验，否则就做不到真正的理解。

景耀元年（258），蜀后主任用宦官黄皓，力矢孤忠的姜维驻守沓中，一去不还，二十五岁的陈寿亦不愿依附黄皓，由此过着黯淡的日子。谁知没几年，魏军南下，他们一夜之间成了亡国之臣。这世上，有很多事以为明天还可以再做，有很多人以为明天还可以再见，于是便暂时放下或转过身去。但也会有那么一次，在转身的刹那，一切成空。

感谢真诚相待的读者朋友，默默陪伴我们一路走到今天。你们的每一条留言，你们的每一次欢笑与戏谑、鼓励与鞭策，我们都看在眼里，记在心中。铲史官在此，心香一瓣，遥寄感念。

铲史官主笔　周绍纲
2021 年 9 月 8 日

图书在版编目（CIP）数据

三国心灵史 / 铲史官著 . — 南京：南京大学出版社，2021.11
ISBN 978-7-305-24976-1

Ⅰ.①三… Ⅱ.①铲… Ⅲ.①历史人物—人物研究—中国—三国时代 Ⅳ.① K820.36

中国版本图书馆 CIP 数据核字（2021）第 179243 号

出版发行	南京大学出版社
社　　址	南京市汉口路 22 号　邮编　210093
出 版 人	金鑫荣
书　　名	三国心灵史
著　　者	铲史官
责任编辑	陈　卓
照　　排	南京紫藤制版印务中心
印　　刷	南京爱德印刷有限公司
开　　本	880×1230　1/32　字数 398 千
版　　次	2021 年 11 月第 1 版　2021 年 11 月第 1 次印刷
ISBN	978 - 7 - 305 - 24976 - 1
定　　价	59.00 元
电子邮箱	Press@NjupCo.com
网　　址	http://www.njupco.com
官方微博	http://weibo.com/njupco
官方微信	njupress
销售咨询	025-83594756

版权所有，侵权必究

凡购买南大版图书，如有印装质量问题，请与所购图书销售部门联系调换